JN234555

豪華客船「飛鳥」夢紀行

長岡帰山思索俳句日記
横浜・大阪・上海・シンガポール・コロンボ・ムンバイ
サラーラ・サファガ・ポートサイド・ピレウス

明窓出版

はじめに

「第一歩」

十里の旅の第一歩
百里の旅の第一歩
同じ一歩でも覚悟がちがう
富士山にのぼる第一歩
世界一周の旅の第一歩
同じ一歩でも覚悟がちがう
どこまで行くつもりか
どこまで登るつもりか
目標が
その日その日を支配する
気と心の船
出港の日に

一章

客船の銅鑼鳴り波止の人走る

三月三日（月）　世界一周クルーズ・一日目

一路平安

ドレスコード・カジュアル

春風にともづなゆるむ飛鳥かな

「飛鳥」世界一周九六日間。総航海距離は約二万九千マイル。私はギリシャのピレウスまで、洋上気功講師として三二日間の船旅に出る。

年末年始、小笠原・グァムクルーズで一〇日間の体験をしてからの乗船とはいえ、体内にやはり興奮するものを覚える。細く長い呼吸でそれをおさえながら、渋谷から東横線急行で三五分、桜木町に下車。長岡トシ子師範が、突然「アラー」っと大きな声で誰かとしゃべり始めたのでふりかえると、荻窪体育館での同学、福島夫妻であった。昨日の新聞やTVで、クイーンエリザベス二世号（QE2）が一六回目の横浜寄港をして、飛鳥と大桟橋でツーショットとのニュースを見て、散歩がてらにやってきたとのこと。嬉しい出合いである。

山下公園の鴎たちもそんな話題に花を咲かせているのか、いつもより騒がしい。

正午からの飛鳥乗船手続きのため、客船ターミナルに入ると、東実健保組合・気楽会の高橋威同学が娘さんに墨で書いてもらったという、大きな文字の「長岡老師・祝您一路平安」を掲げて迎えてくれた。

長いカメラレンズをかついだ吉野同学、後藤ミサ子同学も見送りに来てくれていた。妹夫婦の河内和夫・和子も「長岡老師・一路平安」の紙で太極拳の仲間であることを知ったのであろう。もう知り合いになって話し合っている。桟橋で共に記念写真をとってから、ギャングウェイ（舷門）を一歩一歩ふみしめて船の人となった。昼食の準備もうできているのだから、このへんが豪華客船のもてなしというものであろう。

一三時四五分、セイルアウェイ・パーティーが、大桟橋ではじまった。いよいよ一九九七年の世界一周クルーズへ向けての船出である。アスカオーケストラによるブラスバンド演奏「アラウンド・ザ・ワールド」、斉藤茂太夫妻・高島忠夫・寿美花代夫婦に花束贈呈。黄・赤・青・白・ピンクの五色のテープが、プロムナード・第七デッキから流れる滝のごとく、大桟橋で見送る人々に投げられた。乗船客の手と見送る人の手にそれは電気となって流れた。

思えば、二二年前の三六才の寅歳の若き日に、この竹芝桟橋からナホトカ経由で世界一周したのも、やはりこのテープと銅鑼の音の中であった。あの時には、「パパが海の向こうに消えていく」と泣きじゃくっていた三才だった息子の真吾君も、今年は二五才。オヤジの仲間が多勢来るんじゃ俺は今日は行かねぇョ、と中途半端な大人に成長してくれた。長女、美花も米国留学から帰国後、もう一人でも生きていけるビジネス・ウーマンに育った。

二二一年前の三五日間北半球一周の旅での結論は、世界に飛び出したら、自分には何ひとつできる才能がない、という気づきであった。

旅は人生の師である。距離をおいて自分をふりかえると日本がみえる。自分もみえてくる。さあ、今日からの飛鳥の旅は、気功の船内講師という東洋の文化を通して心と身体の健康を保ち世界を観る、自分探しの航海である。乗船客と共に本当の自分という港に帰る夢を胸に抱いて、飛鳥のギャングウェイを一段づつ踏みしめて登った。

子供の成長記録のビデオ「サンライズ・サンセット」もサムソナイトにしっかり納めてある。二二一年間の私の陸上生活は走馬燈のごとくセピア色のフィルムが脳裏を巡る。「帰山気功太極道」の掛軸をゆっくりと心をこめてデッキからおろし、大きく、大きく手を振る。腕を振る。

奥の細道に旅立った松尾芭蕉の心境も同じようなものであったろう。

草の戸も住み替る代ぞ雛の家

行く春や鳥啼き魚の目は泪

強く握りしめていたテープが切れて風に舞い、横浜大桟橋が遠く小さくなった。飛鳥は横浜ベイブリッジを頭を下げるようにくぐりぬけた。

客船の銅鑼鳴り波止の人走る

三月四日（火）　世界一周クルーズ・二日目

船の文化

ドレスコード・カジュアル

毎日、前夜に配られる「アスカデイリー」を見て乗船客はその日の行動を選択する。

「ＶＯＹ、九七〇世界一周クルーズ・２日目」。

★本日のクルーズスケジュール

一三：〇〇　大阪入港

一五：〇〇　大阪出港

★横浜よりご乗船のお客様へ。本日、飛鳥は大阪港に入港致しますが、出入国審査の関係上、お客様の一時上陸、およびお知り合いの方の訪船は出来ませんので、予めご了承下さい。

★日出　〇六：二九。日没　一七：五七。

★各施設のご案内

診療室（六デッキ）〇九：〇〇～一〇：〇〇、一六：〇〇～一七：〇〇

飛鳥コレクション（六デッキ）一〇：〇〇～一三：〇〇、一六：〇〇～二二：〇〇

フォトショップ（七デッキ）一〇：〇〇～一四：〇〇、一八：〇〇～二二：〇〇

寿司バー「海彦」（八デッキ）一八：〇〇～二三：〇〇
美容室（一〇デッキ）〇九：〇〇～一一：〇〇、一五：〇〇～一九：〇〇
マッサージルーム（一〇デッキ）一五：〇〇～一七：〇〇、二〇：〇〇～二三：〇〇
グランドスパ（一〇デッキ）〇六：〇〇～一二：〇〇、一三：〇〇～二〇：〇〇、二一：〇〇～〇一：〇〇

★ドレスコード（今夕の服装）カジュアル　男性：スポーツシャツにスラックス
女性：ブラウス、スカート、スラックスなど

★催しもの　グランド・ホール（六デッキ）　シアター（六デッキ）　ラスベガス・コーナー（六デッキ）　オープンデッキ（六～一一デッキ）　コンファレンス・ルーム（九デッキ）　フィットネス・センター（一〇デッキ）

飛鳥はスーパーカルチャーセンターである。各界の講師を入れ替り、立ち替り登場させて乗客を飽きさせることはない。欲ばると毎日毎日が忙しくなるほどの催し物の連続である。

客船は、人類の楽しみの文化を集積して、そのエンタテイメントを工夫してきた産物なのである。飛行機が登場しても、船の言葉がそのまま飛行機に使われている。エアポートは「空の港」であり、ボーディングはデッキがなくとも「搭乗」することである。

新大阪空港を右舷の海の上に見た。船という共同空間の中での交友が、「フレンドシップ」や

「パートナーシップ」という言葉を生んだのであろうか。シップのカルチャーには実に興味をそそられるものがある。

乗客同志の情報交換がそろそろ始まっている。

平均年齢は、第一回飛鳥世界一周のときは六六歳。最高年齢男性九一歳、女性八七歳であった。そして今年の第二回飛鳥世界一周では、平均年齢が六七・二歳になったそうだ。日本の超高齢社会の中でのこの手荷物と時差の少ない船旅は、今後ますます人気ものとなっていくであろう。

食事やティータイムの交流で乗客がすこし見えてきたのだが、夫を亡くした妻（未亡人）、妻を亡くした夫（男やもめ）、病気上りのガン患者、そんな人生の先輩が多く乗っていられることがわかってきた。男女比率は四五対五五で、ここでも女性の時代である。

さあ、いよいよ今日から午前九時と午後三時半の各四五分間「気功教室」の開講である。黒帯を下腹にキリリと締めて、白鶴の舞・動く禅の禅坊主になることにしよう。

三月五日（水）　世界一周クルーズ・三日目

大海無道

ドレスコード・フォーマル

大阪港で昨日八〇名を乗せた飛鳥は、これで総勢四五〇名。運命を共にするパートナーシップとして一路上海へ向かってオン・ザ・シー。

昨日の「気功教室」は、午前九時も午後三時半も満員となり約一〇〇人以上の方々が受講体験されたことになる。そして、夜はグランドホール（六デッキ）にて、エンタテイメント・スタッフとして斉藤茂太氏や高島忠夫・寿美花代夫妻、将棋の原田泰夫九段と共に、私たちも乗船客全員に紹介された。

人生八〇年時代である。乗客の平均年齢六七歳。寿命は個人の天命である。「平均寿命人間」という者はこの世に存在しないのだが、彼らの想いの川底には、「あと一二・三年の人生」という強迫観念がどうも横たわっているような気配がする。その笑顔の裏側に。

人類が始めて遭遇する、この人生八〇年。その生き方は今後の大きなテーマなのである。

「大海無道、只一剣進」宮本武蔵の言葉である。小笠原・グァムクルーズで出会った大阪の近畿プレス株式会社の宮地幸一郎氏が、この言葉を教えてもらったお礼にと、色紙を書家に書かせて贈ってくれた。

気功教室の講義材料としてその色紙をバッグに入れてきたのだが、今日の講義はこのテーマから始めることにしよう。やはり、小笠原グァムクルーズで出会った大阪の高級老人ホーム「エデンの園」からのご婦人お二人が、約束どおり気功教室に参加してくれていた。石川秀子さん、小杉恭代さんのお二人である。


これで、まだ三回目の講義である。千葉は市川市の篠田幸代師範の教室で気功太極拳を学ぶ川本博、邦子夫妻と、NHK学園の通信教育受講生である茅ヶ崎の写真屋さんのご夫人、斉藤久子さんが教室の助手を積極的に担当して下さり感謝にたえない。「心の気功」の力におどろくばかりである。

乗客最長老は九二才の棚橋左知子お姉さまである。「長岡先生。この帰山気功に逢えてとても嬉しいです。よろしくお願いします。」とご挨拶にきて下さった。長寿の理由が何となく理解できる想いである。レッスンのあと、そんな感慨に独り耽りながらデッキで海を見ていたら、一〇時からの避難訓練をサボってしまった。これはイカン。

遠い日の記憶を思い出させる白い雲と青き海である。

飛鳥は宮崎県日向沖の、道無き海路を鹿児島に南下中。開聞岳を右に見て、良いカメラアングルをさがしていたら、同じタムロン二八〜二〇〇ミリのズームレンズを首から下げた大井川霞南氏にパノラマデッキで遭遇した。ペン習字の講師であった。俳句教室での清書はぜひ彼の達筆でお願いしたいものだ。

今夜のドレスコードは「フォーマル」。キャプテンズ・ウェルカム・パーティのあとは正餐（フォーマル・ディナー）である。さて、気功の講師もタキシードで、結婚式の仲人みたいな格好をして出かけることにするか。

六時二五分、大きな夕陽が東シナ海に落ちた。船で日本を背にする幸せを海の風にさらしている夜のデッキである。

東シナ海

三月六日（木）　世界一周クルーズ・四日目
ドレスコード・インフォーマル

今朝の飛鳥は九州と上海のド真中に浮いている。日出〇五時五九分。

生命誕生の故郷であるこの海。無数の「いのち」が遠い過去から遥かな未来へと連なっていく。ひとつひとつは細い糸にすぎない「いのち」たち、その織りなすものは、何とあざやかな無限のひろがりなのだろうか。

その「いのち」たちの果てしない営なみに想いを馳せるとき、いつくしみの念に包まれずにはいられないのである。そして、自分というちっぽけな「いのち」は、最初にこの海から誕生した「いのち」の彼方に、限りなく再生され続けることが予感されていたのだ。

縁あって生まれたこの母国「日本」を背に、この東シナ海の上で童謡をＢＧＭに使ってみよう。「春の小川」「雨降りお月さま」「月の砂漠」「カラスの赤ちゃん」「帰るツバメ」……。

平均年齢六七才の乗船客には、きっと喜んでもらえると思う。

春の航一大圓の紺の中

空海も最澄も遣唐使も、多くの秀才たちがこの海を渡った。歴史に名を残すこともなく海底に沈んだ学僧も多くいたことだろう。「大海無道、只一信進」の人であった。鑑真和上はこの眼下に見える東シナ海を、日本を目指して五度もの失敗と失明にもかかわらず、鹿児島の坊ノ津に上陸され、奈良まで戒律を伝授に来て下さった。やはり、道なき道を歩く信念の人であった。

若葉して御眼の滴ぬくやばや

さて、五回目の気功教室は午後三時からである。今までたった四回の開講にもかかわらず、食堂でもデッキでも受講生に頭を下げていただいたり、一緒にツーショットの写真をたのまれたり、とうとう飛鳥のエンタテイナーになってしまった。

教室のプログラムもやっと固まってきた。午前九時教室は、立禅・スワイショウ・八段錦の前半・(瞑想)・香功初級・スワイショウ・立禅。そして、午後三時教室では、立禅・スワイショウ・八段錦の後半・(瞑想)・香功中級・スワイショウ・立禅。

参加者は午前九時が四〇人前後、午後三時は三〇人程度で、そのうち午後の一五人は何と午前九時にも出席した気功ファンなのである。

今日は斉藤茂太先生の講演「楽しきかなクルーズ」と磯金勇太郎氏の「謡曲教室」一〇回の初回に出席させていただいた。各講師の先生方の講演の起承転結は本当に自分の参考になる。しかし、自分の担当は受講生と共にカラダで楽しめる気功の講師で良かったと思う。

三月七日（金）　世界一周クルーズ・五日目

上海着岸

ドレスコード・カジュアル

投錨の音打消しぬ歓迎隊

この街に敬意を表して船の屋上（スカイデッキ）で気功太極拳二四式を演舞した。浦東のテレビタワーが朝霧にその大きな姿を墨絵のようにぼかしている。

〝請把我送到外虹橋碼頭〟

もし迷子になったら、この中国語を運転手に見せてタクシーで帰ってくるように受講生に教えてあげた。皆んなよろこんでメモをとり、シャトルバスを利用して、日本円三〇〇〇円を二〇〇元と二角の小銭に両替して、上海の街に飛び出していった。

〝白猫黒猫只要捉住老鼠就是好猫〟

「白い猫でも黒い猫でも、ネズミをとる猫が良い猫だ」鄧小平さんの言葉だった。北京に留学していた田中美穂さんと上海に留学していた境田英昭君が、東京の道場でこの中国語を教えてくれた。一昨年も日本経営協会とＮＨＫ学園通信教育講座の受講生と共に、「上海八段錦」の取材研修でこの街を訪ねたのだが、これで「上海のトライアングル」が完成したことになる。斉藤茂太先生によると、同じひとつの街を飛行船と鉄道と船の三つの交通手段で訪問した街を、「トライアングル達成」と呼んでいるそうだ。

津村謙の「上海帰りのリル」が、流行ったのは一九五一年（昭和二六年）であった。「霧の四馬路」は南京路から南に入って四本目。この歌が流行った頃は、「私がそのリルよ」と言うモデルと称する女性まで現れて、夢だけで書いた作詞家を驚かせたという話まで残っている。

飛鳥から市内の友誼商店まで、シャトルバスが三〇分に一本往復してくれる。片道約三〇分である。

上陸日には午後のカルチャー教室もお休みが多くなる。

一〇時三〇分発のシャトルバスでの下船を計画した。一〇デッキの見晴らしの良いビスタ・ラウンジでコーヒーを楽しみながら上海の地図をながめていると、高島忠夫さんが、「上海には出られないのですか」と声を掛けてくれた。「一昨年も生徒を案内して来たものですから……」「それにしても毎日、朝夕二回大変ご苦労さま……」。

私にとってこの街のシンボルは、上海バンスキング和平飯店なのである。いつものように外灘（ワイタン）を歩いてから黄浦江を眺めると、飛鳥が港に停泊している勇姿が見える。上陸して外から見る感動のシーンだ。和平飯店から南京東路・西路に西に真っすぐ盛華街を散策して、小雨の上海を楽しんだ。明日の教室で使うＢＧＭに、ＣＤ「二泉映月」を買った。

街の路店で食あたりしては「気功教室」の義務がはたせなくなるので、贅沢だが国際飯店に入って軽食をとることにした。

フロントで尋ねると食堂は二楼（アールロー）だというので二階に行って座ったら、そこは「バー」であった。この街はイギリス文化でできているので、一階は地上楼、二階を一楼、三階を二楼と呼ぶのである。頭では知っていたのだが間違えてしまった。

食堂に入ると胡弓を生演奏している。日本人が来店と見るや、日本の歌をこれでもか、これでもか、と聞かせてくれる。そのつど拍手する日本人。食べることと喋ることの方が大切な中国人。これは国民性の違いなのだろうか。

「上海帰りのリル」をリクエストしたら、「上海的花売娘」を演奏してくれた。

帰路は迷子にならぬように、来た道の南京東路をモノサシとして二、三本北側の古い路を、ジグザグと信号を無視して現地人にまぎれながら、シャトルバスの待つ友誼商店に戻る。飛鳥のキャプテンも秘書をつれてショッピングしている。ヨーガのセティ夫妻は免税時計を品定め

していた。

乗船客はほとんどオプショナルツアーに出はらっているので、シャトルバスの中では謡曲の磯金先生、ダンスの小泉先生夫妻、ペン習字の大井川先生が、講師であることも忘れて童心に戻って休講を楽しんでいた。

さあ、今夜は船内グランドホールでの京劇が観られるのである。

界一周クルーズ
までの寄港地

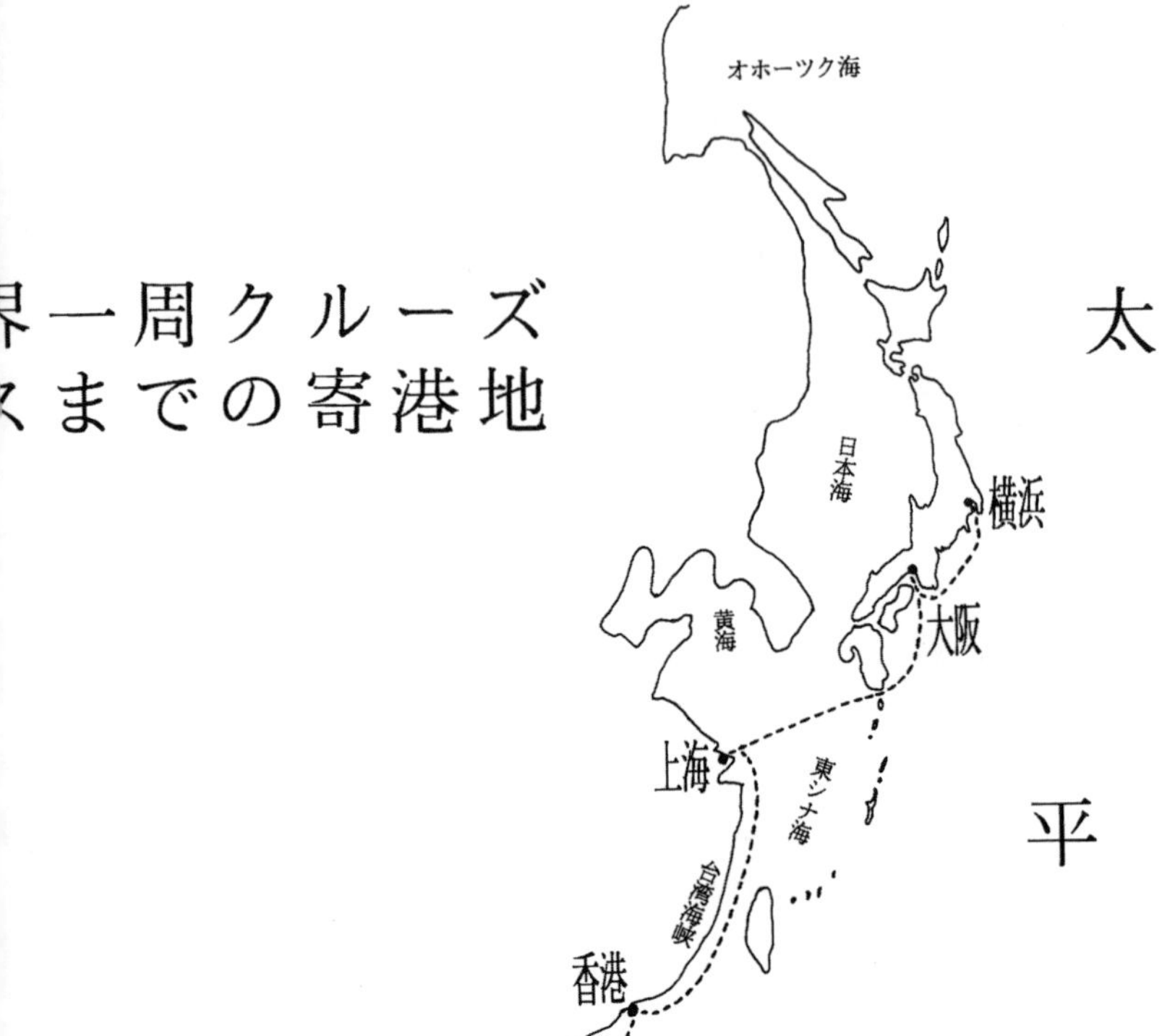

二章

香港は出船の左舷灯満つる

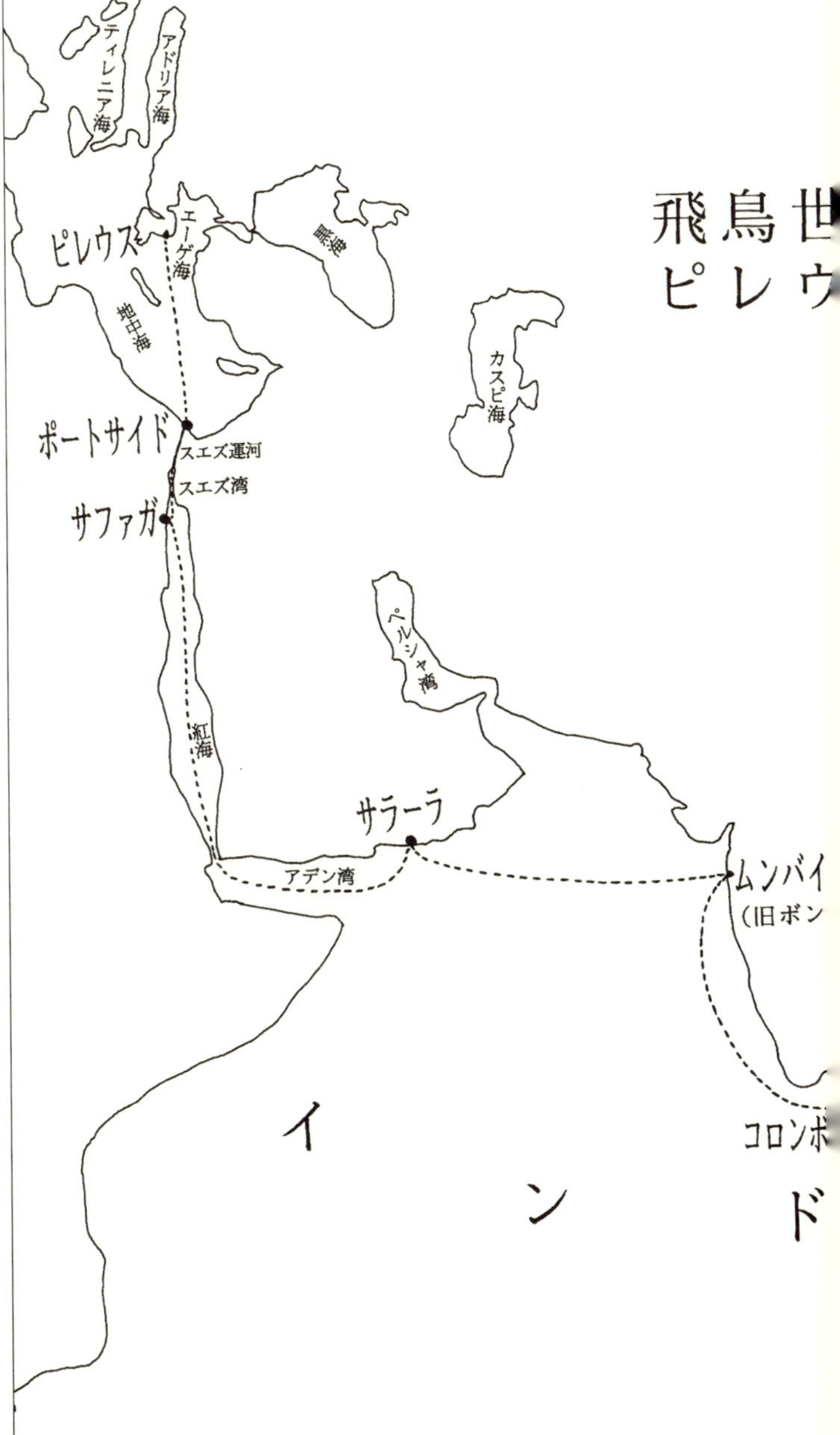

三月八日（土）　世界一周クルーズ・六日目

二泉映月

ドレスコード・インフォーマル（夕食以降）

不管白猫黒猫捉着老鼠就是好猫

昨夜の夕食と京劇に満足した乗船客は、二一時〇〇分の上海離岸を見んものとデッキでカメラをぶらさげて話に花を咲かせている。私もライトアップされた東方明珠ＴＶタワーを見ながら、自分の上海トライアングル完成に大満足であった。

飛鳥はやがて楊浦大橋を頭すれすれに通りすぎ、右舷には浦東新区の開発規模の巨大さがうかがえた。

長江の寒い河風の中、スカイデッキでアシスタントパーサーの北村千和子さんからこんな話しを聞いた。

飛鳥には多くの船好き人間が乗ってこられるが、どうしてもこの飛鳥で自分の人生の幕を閉じたいものと、年間二〇〇日もの乗船を続けていた高齢の男性がいたそうである。郵船クルーズとしては大変な上客なので、その方のために一人の女性パーサーを彼の担当におつけしていた。そして、念願どうり、彼はその船旅で人生を全うすることができた。

彼の住んでいたキャビンのあとかたづけをしていたら、一通の遺言が出て来た。良く面倒をみてくれた女性パーサーのためにカリブ海の島をひとつプレゼントしたいという内容の遺書であったそうだ。


何とすばらしい話しではないか。何とロマンチックな人生ではないか。私はこのオジイサンは、今ではカリブ海の大きな星に生まれかわっていると信じたい。あまりにも素敵なお話なので、昨夜のことだが今日の日記にのこしておくことにしたい。

船は長江（揚子江）を下り舟山群島を抜けて再び東シナ海に戻るまで、約七時間もかけるという。北村千和子パーサーとの、寒いスカイデッキでの温かいおしゃべりを一時間ほどできりあげて部屋に戻った。


今朝は六時三〇分のアラームで目ざめて窓のカーテンを開けた。海が太陽の道を通してまぶしく光り輝いている。私の部屋七二八号室は船の左舷なのである。西回りで世界の旅をする場合は、右舷側の部屋をとるのが船旅通の常識である、と何かの本で読んだことがある。朝から「支那海映陽」である。

さて、昨日南京東路のレコード店「麗声」で入手した「二泉映月」をBGMとして、今朝の洋上気功を開講することにしよう。たった四五分の教室が一日二回だが、自分には毎日何か義務があることはこの船旅に心地良い緊張感を与えてくれる。昨年おみやげに買ってきた「上海気功研究所」のトレーナーを着て「上海八段錦」でも楽しもう。昨夜のスカイデッキで仕入れた「カリブ海の島」の話しでもできたら今朝は大満足である。

グランドホール（六デッキ）で南極探検隊のドクターとして随行したこともある坂本医師が、「ロングクルーズ健康講話」を担当された。平均年齢六七歳ともなると何らかの持病を持って乗船される方が多いので、医師も船長、副船長と同じように今クルーズから二名体制にしたとのことだ。

九三日間の長旅ともなると体調をくずすのは、性格的にはキチョウメンでガンバリヤでマジメ人間が多いとのことであった。だからイイカゲンにノンビリヤでダラシナク九三日間をすごして欲しい。すでに昨日、腰痛を訴えてきた患者は講師の言うとおりに頭を膝につけたり、坐したまましろに寝てみたりのポーズでトレーニングした人だったと、マジメが過ぎる人の注意をしていた。

立禅、スワイショウ、八段錦と香功、そして瞑想のプログラムで、私のカリキュラム選択に間違いはなかったと思いながら教室に入る。午前九時〇〇分の教室は参加者七〇人、午後三時〇〇分でも五〇人も来てくれた。合掌。謝々。

三月九日（日）　世界一周クルーズ・七日目

沈黙黙示

ドレスコード・カジュアル

『春の海』

おおらかに　ゆるやかに
音なくうねる春の海
いつもこんな心でいたい
やわらかく　あたたかく
ひかり流れる春の海
いつもこんな心でいたい
おおいなる平和の姿
ゆたかなる恵みの想い
なんと貴き沈黙

昨日は穏やかな終日航海ができたので、こんな詩を書き留めておく。

夕食のテーブルメンバーがまた変化した。今度は日本での住所の近い者同志が、同じ食卓についた。保谷市の熊切フミ子さん、大田区の久保女医、練馬からの元看護婦さん、そして荻窪からの元木精一郎氏であった。共通の話題を求めて、会話の下手な日本人も、この飛鳥では国際人らしくふるまおうと努力をする。何と元木氏は大蔵省ＯＢで南荻窪のソバ屋「本村庵」のファン。ニューヨークに着いたらその支店に行くのだと張り切っている。

しかも、私は年末年始の小笠原グァムクルーズでカメラの趣味で知り合いになったのだが、大蔵省ＯＢで国土庁にいた島崎晴夫氏は彼の後輩であった。

ホテル部のオフィサーは、船内の気づかいをこんな夕食のテーブル配置メンバーにも、エンタテイナーとして影の力を尽くしてくれていることに感謝したい。

食後、高島忠夫トークショー「夫婦・親子・そして人生……」が六〇分開演された。ピアノの弾き語りと寿美花代、そして息子の自慢話し。彼も今年の六月二七日で六七才になるという。昭和五年生れは、私の兄貴と思っていた私には、自分もその六〇代に仲間入りする年齢であることを、彼のトークショーを楽しみながら強く実感せざるをえない。

このようにして一週間の船旅が過ぎていった。講師の部屋には、次の一週間の予定スケジュールが配布されている。気功教室は、午前九時と午後三時の二回、各四五分に定着。シンガポールとコロンボの上陸日にも早朝七時〇〇分のヨーガと午前九時〇〇分の気功だけはフィットネスルームでの開講がプランされている。

乗船時の高山浩アシスタント・クルーズディレクターの話しでは、先生が上陸日に観光に参加したい場合は調整しますから事前にご連絡下さい、とのことであった。

そこで、『春の海』の詩を教材として一〇〇枚コピーすることと、シンガポールとボンベイ上陸日の教室を休講にしていただきたい旨のMEMOを書いてフロントに出しておいた。

高島忠夫ショーでのカンパリソーダが効いたのか、気分良く部屋に戻ると一〇時三〇分。明朝の講義の資料をまとめているところに電話がけたたましく鳴った。

T「高山ですが、船内でのコピーは今回かぎりにして下さい。紙の在庫も船には多く積んでおりませんし、コピー機が過度の利用で止まっては困りますので……」、「そのために陸上で資料のコピーは準備したはずです」。

N「はい分かりました。今後はホワイトボードのみでやってみますので四五分間講座を六〇分間にしていただけませんか」。

T「それもできません。そして、シンガポールとボンベイの休講のことですが、知人でもいてご面会なら了承できますが、観光のための下船は午後からお出かけ下さい。先生の我侭が多いようですと今後再びお呼びすることができなくなります……」。

N「私は本社の二連木隆志次長に頼まれて観光を条件に乗船したのですが、ぜひお聞き入れいただけないでしょうか……。もう、夜一一時ですので私の時間にさせて下さい」。

たった一本の電話が、私の心に波乱を呼んだ。我慢か主張か。この船内教室を、我が師範たちにも今後体験させたいためのガマンと自己主張の自我とのはざまで心が大きく揺れる。「春の海」は沈黙が貴いと作詞したばかりなのに。

船は今朝タイワンと中国大陸の間を南下している。霧の中で海南島は見えそうにもない。朝九時○○分の教室で『春の海』のコピーを配った。二○枚しか残らなかったので八○人もの参加者だったのだろう、もうイワシのカンヅメ状態である。

九二才の最高齢者のお姉さま、人生のオバアチャン先生、棚橋左知子さんが、朝も昼も出席してくれる。「オバアチャン、小朝が参りました」と笑わせてから、「後輩の受講生に何か一言を」とゲンコツをマイクにして彼女の口もとに近づけた。「皆さんから習うことばかりで、これからが勉強のはじまりです」。これには全員「参った」、「マイッタ」で大笑い。

部屋に戻るとFAXで「三月八日池田満寿夫氏が急性心不全のため熱海市の病院で死去、享年六三歳」との読売プレスがベッドの上に置かれていた。

三月一〇日（月）　世界一周クルーズ・八日目

八時・香港入港

ドレスコード・カジュアル

日出〇六時三七分。今朝は上陸日なので七時〇〇分からセティ夫妻のヨーガ教室は予定されているが、九時〇〇分からの気功講座は休講になっている。そこでキャンセルの出た半日観光に八時三〇分から参加することにした。

ビクトリアピーク五五四メートルからの素晴らしい眺めを眼にするのは、我が人生これで三回目。最初は、今は亡き中央大学の親友・椎名一彦君と共に経験した始めての海外旅行のときであった。そのときのツアーで知り合った三信ビルの森崇歯科医師とは今も賀状の交信をつづけている。二回目は、家族旅行でやってきた。長女の美花は幼稚園のときであった。

それから二〇数年、いま飛鳥の講師として再びこの香港の土を踏んだ。人生にはいろいろ予想できない変化があるものだ。故・椎名一彦氏の霊に合掌した。

ビクトリア・ピークの展望台から飛鳥が見下ろせる。今年の七月いよいよ英国領香港が、九九年目にして中国に返還される。

バスガイドが乗客にこんな質問をした。「ビクトリア・ピークは、返還後その名前を中国語に変更すると思われますが、何と呼ばれることになるでしょうか……？」

「香港の土地っ子たちは返還後には鄧小平山という名になるのではないかと冗談を飛ばしているのです。……」

レパルスベイ（浅小湾）のリゾートビーチ、そして萬金油で財を成した胡文虎氏が建てたタイガーバウムガーデンは今ではオーブンホーと呼ばれていた。

日本車ばかりで渋滞している道路を、熊谷組が建設した海底トンネルを通って九龍側に戻りショッピングに出た。日本の豪華客船・飛鳥が入港したのだから上空のヘリコプターも多分この香港の新聞社やTV局の取材であろう。

飛鳥を右舷づけしたオーシャンターミナルから、歩いて一〇分ほどのところにある、DFS（デューティ・フリー・ショップ）を二軒まわることにした。この香港はやはり船で訪れるのが一番良く似合う。飛鳥の船首が陸のマンションの窓先まで近寄って停泊している。シャトルバスもこの街では必要ないのである。

長旅なので買物の荷物がふえるのがとてもこわい。船内でカジュアルの日にトレーパンの上に着用する長袖のナイキのポロシャツを買ったが、最近の香港の物価は全く日本と変わることがなく、ショッピングの楽しみは消えてしまった。月曜日だというのにネイザンロードは人混みで大変な活気である。飛鳥のガイダンスでスリには気をつけるよう注意をされていた。

ＤＦＳの二軒目で、家内がグッチのバッグを買って背中にしまい店を出た。エスカレーターを上りきったとき、私のうしろで彼女が声をあげた。

「何だか背中が軽い」、「スリにとられた」。「エスカレーターで前の人が倒れたので自分も前かがみにつまづいたとき、うしろの人が私のショルダーバッグを開けて中身を別の人に手渡したらしい」。「カードも入れてあるサイフもなくなっている」。「困った…」。

気がつくまでにはその犯行から一分以上は過ぎている。女性三人による計画的スリ行為である。

急いでＤＦＳの受付に申し出たが、たどたどしい日本語と英語でラチが明かない。近くにいた飛鳥の乗客のご夫妻もヘルプしてくれた。

飛鳥のセキュリティに戻って先ずビザカードのストップ申請を電話で行い、現金とグッチのバッグはポリスに届け出なければならないとのことで諦めざるを得なかった。飛鳥出航時間までの余裕もなかったのである。

マサカの時が自分にふりかかるとは人間いつも思わぬものである。しかし、経済大国日本の超豪華客船・飛鳥が世界一周の乗船客を乗せて香港に入港したわけだから、プロのスリはこの

チャンスを見のがす理由はない。
下船のときから一番仕事のしやすいショルダーバッグのお客さまをマークし、筋書き通りに上りのエスカレーターでこのドラマを実行したのであろう。まことに見事な手口であるが、貧乏人の気功講師を選んだのは彼女等三人の失策であった。
日没一八時三一分。六デッキのフォーシーズンズで夕食をとりながら、香港の夜景を窓の外に見ていたら、やっと身体無事であったことで良かったのだという気持ちになれた。

香港は出船の左舷灯満つる

三章

雲去らず南十字は見えぬまま

三月一一日（火）　世界一周クルーズ・九日目

終日航海（一）

ドレスコード・カジュアル

私の耳は貝の殻、海の響きをなつかしむ。　ジャン・コクトー（仏）

旅も二週間目に入った。南シナ海の色も南下するにつれて、紺から青にその表情を変化させている。天気も良く、自分の心を素直に出せるような気がする朝である。

昨日は香港上陸で、気功教室がなかったので、私も今日の指導が楽しみであり、生徒も七〇名はいたようだ。日曜日に「春の海」の詩を発表したので、今日は「ジャン・コクトー」の短詩をホワイトボードに書いてから開講した。四五分間講座はとても短いので一〇分前から足法。五分前にその日の言葉をテーマとして開講し、定時になったら「ニーハオ」で全員立禅からはじめる、そのパターンが固まってきた。

それでも、今のところ五分前のスピーチのときの参加者は七〇人中半分の三五人位で、あとの三五人は開講時間ギリギリの入場である。だから遅刻するとドアが生徒の背中にぶつかって教室に入れない。その不満をフロントに電話する乗船客も多くなっている。

それにしても嬉しいことがある。それは、一五分前には必ず毎回朝昼ともご夫妻で教室の準備手配をして下さる人がいることである。香功の一五動作の説明用紙を壁に張り、私の演台、お立ち台を配置し、「帰山気功太極道」の掛軸を飾って下さるのである。

そして開講後には、ご自分たちは教室の一番ウシロで練功して、講座が終わるやいなや、そのあとかたづけをして、「先生、ありがとうございました。」と礼を述べて帰られる。まだ名前も伺っていないご夫妻だが、これはタダモノではないような気がする。

「心の気功」を担当する場合、こんな方との出合いが教室の空気をピンと張りつめて良い道場となる。そんなとき、私も気合いが自然に入ってくる。

「私の耳は貝の殻、海の響きをなつかしむ」。

「おおらかに、ゆるやかに、音なくうねる春の海。いつもこんな心でいたい」。

「海水不斗量」。いつものように予期せぬ言葉がイメージの中から私の口を通して飛び出してくる。

「横浜から今日まで七日間にわたって海水の上を進んできました。それでも右は海南島、左はルソン島です。この大きな地球上の海の水を升で計ることができるでしょうか。生命とか、この鼻で吸っている空気とか太陽の光とか、その量を計れないことを不可思議と呼びます」。「阿弥陀仏の実体は光だそうです。不可思議光とも呼ばれるのです」。

すばらしい人の心に出会うと、感応道交して帰山節が冴えてくる。


昼食のテーブルでアロマセラピーと脳内伝達物質が話題になった。それを同席でニコニコ聞いていた紳士が「横浜大桟橋での〈長岡老師・一路平安〉の紙は良かったですナ」と私を知ってくれている。名刺交換したら郵船クルーズ株式会社会長の三本力氏夫妻であった。くわばら、クワバラ。いつも静かな心でいたい。


グランドホールでは、今日から杉山二郎先生の講演「遣唐使の航海」が始まった。

星座教室「南の星をめぐる話」（その一）も今日から開講。夜はスカイデッキの電灯を全部消して南十字星、ニセ南十字星、オリオン、スバル、北斗七星、双子座など多くの星々を見あげた。講師の石橋正氏は水産大学の先生であり、星座による航海術のスペシャリストであった。

飛鳥のスカイデッキで、古事記や秀吉や源氏物語の時代に発した星の光を、今こうして我が眼にとらえる宇宙の大きさの中で、これらの星座に名をつけた昔の船乗りたちのロマンに浸る南シナ海の夜である。

双肩に星屑を溜め春の航
雲去らず南十字は見えぬまま
汐焼けし男星見る春の夜

三月一二日（水）　世界一周クルーズ・一〇日目

終日航海（二）

ドレスコード・インフォーマル

朝凪に船飛魚を放ちけり
航跡の一川紺を裁ち裂ける

クルーズも二週目に入り、気功教室の帰山カリキュラムも参加者に理解してもらえるようになったようだ。ホワイトボードに書くその日の言葉を早く消すとクレームが出る。メモとペンを持参して書きとっていく受講生が多くなってきた。
今回の教材として出航に際し中條耕資師範から俳句用語用例小事典を贈呈していただいた。こいつは本当に役に立ち、今後の旅の時間活用にも有力な材料である。

「なかきよのとおのねふりのみなめざめなみのりふねのおとのよきかな」
永き世の遠の眠りの皆めざめ波乗り船の音の良きかな。上から読んでも、下から読んでも同じ回文である。

今日の講義は、この回文と俳句をメモにしてニーハオ、立禅、スワイショウ、八段錦。熱心な方々が最前列を陣取っている。中村天風先生の天風会三五年の南学圭伊子さんが、初日からうしろの方で眼を輝やかせていたが、いよいよ前に出てこられた。

「皆さんは中村天風先生をご存知でしょう。明治天皇の身辺を警護され、経済界にもその名を残し、日清、日露の戦争では秘密情報員でもありました。その天風先生がお身体を悪くされ、その病を克服するため米国に渡り、医学も学んで回復に努めましたが、もはや手段なきことを悟り、死を覚悟して欧州経由で日本に帰って死のうと思ったのです。たまたま欧州で出会った印度の聖者グルに最後の光りを期待して弟子入りし、師と共にインドのアシュラムにて修行生活を始めます。来る日も、来る日も瞑想三昧。グルは何も言ってくれないので、天風先生は、何時どんな指導をしてくれるのですかとたずねる」。

「人は大自然から生かされているのであって、自分の計画で目的を達成しようと思っている間は、その病は癒されない。自我がなくなるまで瞑想をつづけて君の中に住んでいる真人が表面に出て来たら次の指示をするから、あるがままでいなさい」。

ここまで帰山節がつづいたとき、南学圭伊子さんの大きな黒い瞳から涙がどっと吹き出しているのだった。

帰山気功瞑想のあと、私のカリキュラムと「カラダは気の家、ココロが家の主」のコンセプトを説明した。そして、東京実業健保組合の田中滋規準師範のお勧めもあって天風会に入会したがあまりにも哲学的発想が似ているので自分でも驚いた旨をお話しした。

その理由は、インド哲学ヴェーダーンダの教えの上に呼吸と運動を結合させているからである。ヨーガの哲学を最初に日本に紹介した人物が中村天風師である。安岡正篤先生が、中国学を関西で講義されていた時代の頃のことである。

「積極的思考が人生を変化させる」と説いたのが天風先生であり、心と神経系統と行動と成就について多くの文献を残されている。船井幸雄、春山茂雄両先生もその流れの人とも言えるのである。

晴れて良し曇りても良し富士の山　もとの姿は変わらざりけり

天風先生も愛誦された山岡鉄舟の短歌で講座をしめた。やっと南学さんが微笑んだ。そして、次の港シンガポールから天風会会長の杉山彦一先生にお手紙でこの出合いを伝えますと言って、八段錦の本に「春の海」のサインを求められた。

今日は荻窪体育館の練習日、石垣和枝師範と大輝、福岡準師範よろしく代講お願いします。

屑星や旅の一夜を海の上

深夜スカイデッキに出ると南十字星が真直ぐに立ちあがっている。

三月一三日（木）　世界一周クルーズ・一一日目

終日航海（三）

ドレスコード・カジュアル

五行相生、五行相克。

今日の講義は中医学の基本である五行配当論をテーマとした。木・火・土・金・水と肝・心・脾・肺・腎。「第五段錦、揺頭擺尾去心火」の心と火の関係についてである。精神論から基本論に講座のテーマを戻したのには理由がある。今日は東京実業健保組合・気楽会・木曜教室の十周年記念の日である。開講三〇〇回目の講義を石丸博之師範に代講していただき、私はこの飛鳥での講師を担当できたことに深く感謝したい。

それにしても、木曜の一〇年間三〇〇回と金曜の七年間二一〇回の計五一〇回を、よく続けてこられたものだ。自分の健康と同学の方々のご協力の賜ものである。そして、天はその努力に報いて、この飛鳥の仕事を贈呈してくれたものと信じている。

十年樹人、百年樹木

一〇年という月日は人を人として育て、一〇〇年という月日は一本の木を大樹とする。シンガポールに向う南シナ海の南端洋上にて、天に南十字のクロスをいただき、この良き日を迎えることができたのも、神仏のなせるご意志であろうか。

感謝の念で、また四月期からの次の五〇〇回を目標として、合計の千日回峰を健康で達成したいものである。しかし、私も今年は五九歳、あと一〇年余で七〇歳はこの飛鳥世界一周の乗船客の平均年齢を超えることになる。今回の飛鳥の旅はやはり天が下さった私への還暦祝いであったことに気がついた。

中村天風先生が印度の聖者から体得されたように、天寿を全面肯定して、自我を小さく、積極思考の中に大自然の支持をこの身にいただくことが真人の生きる道と言うものであろう。

我が人生のアルバムに、次のページはどんなドラマが書かれているのか、楽しみに読みすすむことにしよう。大海に道なく、只一拳を進もう。この良き日を記念して船内の写真屋さんに気功教室の午前九時と午後三時の集合写真を撮影してもらった。

細見省三氏（神戸国際大学・講師・日本旅のペンクラブ会員）と渡辺一陽さん（京葉古流家元幹事）に気功八段錦の本と色紙にサインを求められた。

北里大学の上馬場和夫先生から第二回世界一周の飛鳥に乗るならぜひ帰山気功を体験しなさ

いと弟から推められた川田敦子さんがあいさつにきて下さった。気楽会の楽しい十周年記念日をこの南シナ海の洋上で迎えることになったのである。
同学の皆さんありがとう。こんな私に良くついてきて下さって本当にありがとう。今夜はデッキディナー「アジアの熱い夜」である。

三月一四日（金）　世界一周クルーズ・一二日目

シンガポール入港

ドレスコード・カジュアル

入港の汽笛やさしき春の朝

上陸の人の白靴汚れなし

香港を三月一〇日（日）夜二〇時に出港してからこれで毎日船の中、やっと四日目に上陸の朝がきた。

上陸日には教室を休講と聞いていたが、このシンガポールでは船内で過ごす人も二〇〇人近くはいらっしゃるので、朝〇九時の気功教室は開講とアスカデイリーに予定されている。七デッキのプロムナードで朝のウォーク・ア・マイルを楽しみ、教室の準備にそなえる。オランダ客船ロッテルダム号と飛鳥がこのシンガポールの埠頭に並んだ。

船窓の孫の写真に朝陽さす

七デッキの住人たちは、その窓の外にプロムナードがあるので、通る人を楽しませようと窓の中から色々と外に向って工夫を凝らしている。横浜離港のときのテープや樽酒のマス、地球儀、孫の写真、折紙、人形などで船窓を飾っている。私も、「大海無道、只一剣進」の色紙を外に向けて飾っていたのだが、ペン習字の先生、大井川霞南日本書道教室理事、(朝日カルチャー講師)に依頼して色紙を変えることにした。

ひらがなの柔かさもて春の波

書家にお願いするのだからとこんな句を作って書いていただいた。さすがにすばらしい筆さばき、下手な句もこれで上手に見えてくる。散歩の人々が次々と、色紙を読んでは通りすぎていく。その表情が面白い。暗い室内からは良く見えるが、明るいデッキから室内は見えない。

気功教室の参加者はたった四人だった。いつも八〇名にふくれあがって、イワシのカンヅメ状態がウソのようだ。これなら今日は横にも動けるので不老拳を特別講義して静かに白鶴の舞を楽しんだ。気功に参加されるような行動派は、朝からシンガポールに飛び出していったのである。

グランドスパはフィットネスルームに近いので教室のあと一人で豪華船ロッテルダム号を見ながらジャクジーバスにザブン。

人の行く裏に道あり花の山

昼食後シャトルバスでシンガポール市の中心地オーチャードロードに出た。まずは一等地の高島屋と伊勢丹さんにごあいさつ。物価は日本と変わらないほど高い。何も買わずに散歩だけしてクルーズセンターに戻る。街は、なるほどガム持込み禁止だけあって、とても美しい。ガーデンシティと呼ばれている。こんどはケーブルカーでセントーサ島に往復して、上空から飛鳥とロッテルダムの並んだ写真をとる。白人はほんとうに客船によく似合う。ファインダーをのぞいても彼等は絵になるからかなわない。

夜は、一七時〇〇分から二一時三〇分までの「ナイトサファリ・ツアー」に参加することにした。外食の中華料理がとても美味しいシンガポールである。男性先輩たちの話題はマレーのトラ、山下奉文とパーシバルが話題になり、若いスタッフたちはそんな話しにはついていけない。

インドサイ、スイギュウ、ジャッカル、ハイエナ、キリン、マレートラ、アジアゾウたちが夜の森にくつろいでいた。

帰船するともうロッテルダム号の姿はなく、そのあとにスターアクエリエリアスが入港している。ここは世界の港、海の交差点シンガポールである。我らの飛鳥は二三時〇〇分に出港の汽笛と共に静かに離岸した。

船室の飾色紙も海に揺れ

フィットネスルームでの気功講座

フォーシーズンダイニングルーム入口でキャプテンと共に

四章

マラッカをよぎる船音春霞

三月一五日（土）　世界一周クルーズ・一三日目

ノー・アクティビティ・デイ

ドレスコード・カジュアル

マラッカをよぎる船音春霞

何もしないでゆっくり船旅の豪華さを楽しむ日、「ノー・アクティビティ・デイ」である。究極のエンタテイメントとはこのことだと、精神科医である斉藤茂太・飛鳥友の会会長の発案からはじまったものだと耳にした。

今日は気功教室もないので、朝寝坊をする。デッキの散歩から毎日がはじまる。右舷側には長くマレー半島が横たわり、左舷のスマトラは春霞で見えない。海の色が紺から緑がかった青に変わった。そして飛魚のかわりに、浮遊物を見つけることも多くなった。ここは海上交通の交差点マラッカ・ストリートなのだ。

六デッキにあるシアターで映画「男はつらいよ・寅次郎の青春」が上映されている以外は、カルチャーは全面的に休講である。そのため七デッキのウォーク・ア・マイルの散歩人口は、今日はいつもの三倍である。

昨日はシンガポールで中華料理だったので、今朝は五デッキのフォーシーズン・ダイニングルームで和食にした。

これで上船後二週間、気功教室を二〇回は担当したことになるので、一回平均の受講生が六〇人として延一二〇〇人になる。乗客四五〇人のうち半数は気功を受講してくれたと思う。

食事どきでも、デッキの散歩でも、廊下のすれちがいでも、夜のパーティでも、上陸してのツアーでも、話しかけられたり、深々とおじぎされたり、写真を一緒にとったり、閉ざされた空間である船内の講師はその対応に気疲れする毎日である。今日は、ゆっくりと自分の部屋とライブラリーで俳句でも整理してみよう。

沖船の動くともなく春霞

春の海気功なき日の長さかな

九デッキの図書室からキャビンに戻るとドアの下に招待状が差しこまれていた。

講師の先生方にお集まりいただき、親睦会を開催します。どうぞご出席くださいませ。

日付・一九九七年三月一五日（土）

時間・一八時四五分〜一九時三〇分

場所・コンファレンスルーム（九デッキ）
ドレスコード・カジュアル
主催・クルーズダイレクター、若倉雅貴

そして、三月九日（日）の日記に書いた高山浩アシスタント・クルーズディレクターから電話が入った。また何かお叱りでも受けるのかと緊張して受話器を耳に強く押しつけた。
「四月一日（火）エジプトのポートサイドでは、もし長岡帰山先生はカイロとピラミッドをまだご覧になっておられなければ、午前の気功を休講にしますのでどうぞ観光にお出かけ下さい」。

「うれしい日」

今日はうれしい日であった、やさしい言葉にふれたから
今日はうれしい日であった、おいしいものを食べたから
今日はうれしい日であった、よい仕事ができたから
今日はうれしい日であった、さびしい人を慰められたから
今日はうれしい日であった、平岩弓枝先生にも逢えたから

ノー・アクティビティディの今日は、静かなライブラリーで船音を耳にしながらこんなことを考えた。

船旅というのはいつもの陸上生活では得られない時間と空間の非日常を楽しむものなのだ。二週間をこの飛鳥の船内で暮らしてやっとそのリズムが理解できる。

いま私はマラッカ海峡を航行中なのだが、この日記を読んで下さる方も願わくば世界地図をひろげて急がずに一日に一日分を読んでいただきたいものだ。二六・二七頁の寄港地または四一頁の私たちの星、地球のお好きな頁にしおりをはさんで、飛鳥の航海位置を確認しながら読みすすめてほしい。そして一ヶ月かけてこの日記を読み終わったときに、はじめてひと月の船旅の時間が共有できるのではないだろうか。

時間とは大きな意味を創造するモノサシなのである。気功や太極拳が地球の自転公転に合わせるがごとくゆっくり動くのも、そんな理由からである。

静から動を観て、動中に静を求めることである。

三月一六日（日）　世界一周クルーズ・一四日目

終日航海（二）

ドレスコード・ホワイトフォーマル

潮の色また変り来しインド洋

航跡の末広がりの暑さかな

西に向くひと間のキャビン陽の暑し

シンガポールを三月一四日（金）二三時〇〇分に出航したので、これで三六時間、マラッカ海境をゆっくり一五ノットで北上しスマトラ島北端を西に左折した。ここからベンガル湾を横切って一路スリランカのコロンボに向けて、また丸五日間の洋上生活である。

イギリスがアジアの植民地に定期客船で乗客を運んでいた当時の言葉に、「ＰＯＳＨ」というのがあるそうだ。Ｐはポートサイド、Ｏはオリエント、Ｓはスターボードサイド、Ｈはホームワードの意味である。

つまり、「英国からアジアに行く場合は、左舷（ポートサイド）のキャビンに乗って南の暑い日差しを避ける。そして母国イギリスに帰るときには、逆に右舷（スターボートサイド）に部屋をとりなさい。」という当時の乗船心得である。だから、東に向う場合と西に向うときとでは、日影側のキャビンの料金の方が高かったそうだ。

ここでついでにメモしておくが、左舷をポートサイドと呼ぶのは、基本的には船は波止場に左舷着けするのが常識であり、右舷をスターボードと呼ぶのは「ステア（船の櫓）」が右についていたその言葉がなまってスターボードとなったそうである。

三月四日（火）の日記にも書いたように船の文化には興味をひかれる。昨夜の講師親睦会で矢島文夫先生（京都産業大学国際言語科研究所教授。現在アジア・アフリカ文化財団図書館長）に、パートナーシップとフレンドシップの「シップ」は船から生れた言葉であるのかを幡野保裕船長と江頭紀光子クルーズコーディネーターのいる前で共同質問しておいた。お二人とも良い質問ですネと言ってくれた。矢島先生もピレウスから一緒に帰国する講師なので、帰路その話しが楽しみである。

昼食のテーブルで若林真夫妻と同席になった。お二人とも熱心に気功教室に出席して下さる。そして、私の話しが個性的ですばらしいと誉めてくれたあと、ジャン・コクトーの詩「私の耳は貝の殻、海の響きをなつかしむ」は堀口大学の訳であり、佐藤春雄がこの訳の方が原文よりすばらしいと云っていたと教えてくれた。フランス語に詳しそうなので「フレンド・シップ」のシップの語源をたずねたら、非常に興味を持ったので帰国後に調べて必ず報告すると約束してくれた。名刺を交換したら、慶應義塾大学名誉教授であった。

シンガポールから乗船された平岩弓枝の講演「私の出会った東南アジアの人とその国」に出席した。日本と中国、桜と人の心を見事に話題に取り入れ、そのまま文章にしてもエッセイになるスピーチの構成には舌を巻いた。

今夜のディナーは、フォーマルウェア。海燕のスープからはじまるシェフのおまかせコースである。グランドホールでの夜のジャグラー・ショータイムで将棋の原田泰夫九段ご夫妻と同席した。

なんと杉並は天沼一丁目がご自宅で、我が帰山居から徒歩五分の隣り組みであった。

平岩弓枝先生は帰国後、新潮文庫から「幸福の船」というタイトルで、この世界クルーズの人間模様を浮き彫りにした作品を発表されましたので、一読をお勧めします。

三月一七日（月）　世界一周クルーズ・一五日目

終日航海（三）

ドレスコード・カジュアル／マスカレード

観世音　南無仏
与仏有因　与仏有縁
仏法僧縁　常楽我浄
朝念観世音　暮念観世音
念念従心起　念念不離心

ベンガル湾の真ッ唯中である。三六〇度円盤の紺の中である。

お釈迦さまの足跡も仏歯寺もあるというスリランカのコロンボ着岸は、明後日の三月一九日（水）。そして、三月二〇日（木）が春分の日なので、延命十句観音経を気功教室で勉強しておくことにした。

天風会の南学圭伊子さんが杉山彦一会長の「いのちを活きる」を貸して下さったので、その中から「彼岸」「浅草」「諸行無常」「宇宙霊・神・仏」のエッセイを利用させていただいての講義を組み立てた。組み立てると云うよりも、ご縁でそんなことになっていくのだから不思議なことである。

一路平安を願って浅草寺からいただいてきた観音像の小さな掛軸も教室に掛けた。ＢＧＭは一人一寺・心の寺・十周年記念制作の延命十句観音経・唄入テープの六分×二回である。

「今より、千三百六十余年の昔、推古天皇のみ代、故あって世をしのび漁をしていた、浜成、竹成の二兄弟が、宮戸川で観世音の像をひき上げた。土師の仲知は自邸に観音堂を構えた。三人は深く観音に帰依したのが、金竜山浅草寺の縁起である。山からとれようと、海から出ようと観音様の有難さにゃ変わりはねエ、と気っぷのよい江戸っ子は一寸八分の観音様を拝み、浅草は明るい気のおけない庶民の街として賑わった。先の三人は三社さまといわれる神社に祀られている」。

わが好きの鬼灯（ほおづき）市や観世音

草餅の黄粉落せし胸のへん（虚子）

ホワイトボードに十句観音経を書いて読誦する。三回。最初から声を出して唱和して下さる受講生がいる。うれしいかぎりである。一人一寺・心の寺を発願された井上球二先生の話しもした。そして、明後日のコロンボで春分の日のお墓参りをかねて、この十句観音経でご先祖さまにこの船旅の幸せを感謝しようと提案した。みんな点頭いてくれた。

心の中に自分の寺も記念に建立しよう。「太極山白鶴寺」が私の山号寺号である。誰にもみえない、自分だけの心の寺、〇〇山〇〇寺、そして本尊は自分。今までお賽銭箱に百円玉をポンと投げ入れてお願いばかりしていたが、これからは自分がその心の寺の本尊となって、一隅を照らせる人間になることを提案した。

翌日聞いたことだが、平岩弓枝先生がサングラスで気功教室に参加されていたそうだ。

部屋に戻ると、案内が配られていた。「今夜はマスカレード・ナイト！　いつもの自分を忘れて思いきった仮装をしてみましょう。どうぞダイニングでのお食事、グランドホールでのビンゴ大会、そして各ラウンジのバータイムなどでマスカレードの夜を仮装のままで存分にお楽しみ下さい。仮装用の衣装を九デッキで貸し出します」。

このイベントも、私の講義も共に同じパフォーマンスなのだろうか。

パーソナリティという英語は、仮装のマスクを意味するラテン語のペルソナの変化である。

マスカレードはもちろん仮面のマスクを楽しむ言葉から生まれたものだ。人間の個性とは仮面なのである。その仮面をとりはずして本来の自分に戻っていただくのが、帰山気功のカリキュラムであり、現在の自分の人格の上にもうひとつ別の仮面を着けて、それをもて遊ぶのがマスカレードである。

笑いっぱなしでお腹がいたくなるマスカレードの夜であった。でも、自分のキャビンに戻ると虚しさも一緒に戻ってくる宴のあとである。

三月一八日（火）　世界一周クルーズ・一六日目

終日航海（四）

ドレスコード・インフォーマル（夕食以降）

「諸行無常」（イロハニホエドチリヌルヲ）

晴れていた空に、雲はひろがり、雨になる。そして風が吹き、また空は晴れる。気圧の谷も西から東へと移動していく。

空と海のあいだを航く船からは自然現象がまことに良く観える。

北半球の程よい緯度にある日本では、春・夏・秋・冬と四季がほどよく訪れてくれる。四季の流れにつれて、生物たちはその営みを進める。春咲いた花たちも惜し気もなく散ってゆく。若葉も秋には枯葉となって散る。人も、活動期が過ぎると年老いてこの世を去ってゆく。政治も経済も世相も常に変化してやまないのである。「色はにおえど散る」のである。

お釈迦さまは「諸行無常」といい切る。行は現象のことをいう。もろもろの現象は、一定不変ではない。現象は常に変転万化しているということである。これは眼にうつる冷静な客観的事実である。

日本の文学は「ゆく川の流れは絶えずして、しかももとの水にあらず。よどみに浮かぶうたかたは、かつ消え、かつ結びて久しくとどまりたるためしなし」と鴨長明は方丈記に諸行無常を描写している。

自然現象も人間現象も、現象はすべて変化の中にあることは確かなことである。仏教国スリランカに向かう洋上でインド哲学に少しふれておきたい。

「是生滅法」（ワガヨタレソツネナラム）

何故現象は変化するのであろうか。咲いた桜にいつまでも咲き続けてほしいと人は願うのであるが、桜の花はあわただしくも散ってゆく。

それは何故であろうか。それは生と滅のはたらきが、現象界を支配しているからであると大乗仏教はいう。

このあたりの消息については、天風哲学の思索では次のようにまとめている。

宇宙の根源主体は、はかり知れない力とすばらしい英知を法則的に使い、絶妙な創造活動を営んでいる。そして、あらゆるものを進化させ、向上させ、大調和あらしめようとしていると中村天風先生は観る。

この至玄にして至妙なる根源主体のはたらきを、こよなく讃美した天風哲人は、根源主体を宇宙霊と名づけられた。世の人々のいう神または仏のことである。

進化と向上を実現するには、この根源主体はまず停滞を防がなければならない。停滞を防ぐ手段として、根源主体はいかなるはたらきを用意しているのであろうか。

それは、新陳代謝のはたらきである。「新」は新しいもの、「陳」は古いもの、「代」は入れかわること、「謝」は捨てることである。新陳代謝とは、古いものが去りゆき新しいものが入れかわることをいう。それでは、この新陳代謝を行うために、根源主体はさらに、具体的にいかなる働きを用意しているのだろうか。

根源主体には、二つのハタラキがあって新陳代謝を押し進めているのである。まず、素材を結合して新しいものを創り出すはたらきがある。これを結合と建設のはたらきという。これが「生」のはたらきである。

新しく創られたものでも、時の経過の中で古くなりその性能は鈍る。すると停滞する。そこで古いものを分解して、もとの素材へと還元するはたらきが作動する。これを分解と還元のはたらきという。これが「滅」のはたらきである。

滅といっても形を変えていくだけのことである。還元された素材はまた結合され、建設のはたらきの中に組み入れられるのである。生と滅とは循環しているのである。

結合と建設のはたらき「生」と、分解と還元のはたらき「滅」の二つのハタラキにより、新陳代謝は具体的に行われて大自然の進化と向上が実現することになるのである。変化とは進化であり、向上に向っての変化であることが理解できるのである。

諸行無常、これこそ生滅の真理法則「是生滅法」である。読人不知の古人が「我が世、誰ぞ常ならむ」と表現したのである。

三月一九日（水）　世界一周クルーズ・一七日目

スリランカ・コロンボ

ドレスコード・カジュアル

水尾引いてイルカ遊びぬ油凪

インド洋光凪ぎして春深む

今朝もこのインド洋にいつもの自分がいるのが、不思議である。イルカの大群が丸い頭を海面にアップダウンさせて飛鳥とは反対の方向に泳いでいった。

強い日ざしの中に、油を流したような穏やかな海を、油凪（アブラナギ）とか光凪（ヒカリナギ）とか俳句事典には出ている。

凪畳（ナギダタミ）という言葉に出合い、私はとてもうれしくなった。デッキから海一面が凪ぎわたっている様子をよく見ていると、遠目には鏡のようだが、畳の目のような細かいすじがついているのである。俳人の感性の鋭さに脱帽しながら一句。

凪畳敷いて旭日を受けにけり

春の陽をのせてひろげし凪畳

三月一四日（金）夜一一時、シンガポールを出航してから今日で洋上五日目である。マラッカ海峡を北上しベンガル湾をついに西に横断した。大きな世界地図で現在地を確認すると、そこに自分がいることが感慨深くなる。

朝〇八時〇〇分、飛鳥はコロンボに着岸した。インド洋に浮かぶ島国、スリランカ。緑豊かな美しい島である。北海道を一回り小さくしたほどの面積で、北に向かって先細りしている。その形は、ちょうどインド亜大陸がひと粒の涙をこぼしたようだと言われている。かつてはセイロンと呼ばれていたが、一九七二年の新憲法で現在の「スリランカ」に改名、「光り輝く島」という意味だそうだ。

スリランカを世界的に有名にしているものはセイロン紅茶と宝石である。人々の多くは仏教徒で、古代から仏教王国として栄え、今も残るその遺跡はユネスコの手で修復整備が続けられている。

上陸日にもかかわらず、午前〇九時からの気功教室が今朝は予定されている。オプショナルツアーは、午前のコロンボ半日観光とキャンディ一日観光の二種だけなので、我々二人が午前の気功教室を担当してはどちらのツアーにも参加できない。しかも、上陸日は上海の場合でも四人しか教室にみえなかったので今日は長岡トシ子師範に担当してもらい、私はキャンディー日コースで陸上スクーリングという理由づけで朝から船外にとび出した。

「アイボア」が、「今日は」と「さよなら」と「いらっしゃいませ」の全部共通のあいさつ言葉。「イストディ」が「ありがとう」。

飛鳥を〇九時に出発した観光バスは、コロンボの北東八五キロのキャーガッラの町へ。二時間。親をなくしたり、はぐれたりした子象を保護する施設を見学のあと、お釈迦様の歯を奉納してあるといわれる名刹「仏歯寺」にお参りした。

靴をぬいで焼石の上を火渡りするがごとく、花を手にして仏前に座した。熊本県八代市の歯科医師犬塚隆雄先生からも歯科医師として「私の分もよろしくお参りしてくれんとですか」と頼まれていた。

気功教室の受講生はもちろん、他の乗船客も私のうしろに座して「延命・十句観音経」に合掌をつづけてくれた。

星座教室担当の石橋正先生が「この仏歯寺でお経つきで彼岸を迎えられるとは思ってもおりませんでしたヨ。」と感謝してくれた。「日本人の心底には皆んな仏心を持っているのですネ」と浅草からこられた渡辺一陽さんが合掌しながら私の導師ぶりをねぎらってくれた。

ペーラーデニヤ植物園で日本のコマーシャルに出てきた「この樹何の樹、気になる、気になる」の樹に出合った。大きな直系五〇メートルほどの傘を大地につきさしたような大樹で、中に入ると大蛇のように枝が四方八方に流れるように外につき出ているのだった。

バスガイドの男性、サラ・ヘマチャンドラさんの日本語の上手さにはおどろく。小乗仏教と呼ぶのは大乗の北伝仏教の立場から見下した失礼な呼び方なので、仏教学会では小乗と言わずに上座部とか南伝仏教と最近では呼ぶのだと習っていたが、サラさん自身の言葉に「小乗仏教のスリランカはすばらしい国です」と自らを小乗と表現したのは不思議であった。

帰路三時間、バスの車窓から街や村の生活を見ながら飛鳥の自宅に戻り、寿し屋「海彦」に飛び込んだ。オシボリで顔をぬぐうと心から落つく日本人・長岡帰山である。

このインド洋上でお彼岸を迎えるために、もうすこし生滅の法を勉強しておこう。

諸行無常
是生滅法
生滅滅已
寂滅為楽

五章

春分の波はしづかにアラビア海

三月二〇日（木）　世界一周クルーズ・一八日目

終日航海（一）

ドレスコード・インフォーマル

「生滅滅巳」（ウイノオクヤマケフコエテ）

変化現象の背後に、新陳代謝のはたらきがあることをつきとめ、それが生と滅の二つのはたらきにより、行われていることを洞察することは、かなりの深い知恵である。

だが、生と滅は互いに矛盾するはたらきである。花の咲くのを見ることは嬉しいが、花が散るのは寂しいものだ。

人の生まれることは喜びだが、人の死は悲しい。この矛盾の中で、人は得るに喜び、失うに泣くのである。人は現象の変化の中で思い悩み、転々と悶えることになる。

そこで、生滅のはたらきの背後にあって、その生と滅を演出している主人公を探しあてなければならないのである。

生と滅を越えてその根源に至ること、それが「生滅滅巳」なのである。巳とは、終わることである。生と滅の相矛盾するはたらきを、どうして統一することができるであろうか。相対の生と滅のはたらきを、その背後にあって統御しているものは、生きて、生きて、ひたむきに生きてやまない「いのち」という原理である。いのちの原理のはたらきは、創造活動であり創造的智性そのもののことである。

いのちの創造活動として「生」のはたらきがあり、いのちが進化し向上しようとする創造のはたらきとして、「滅」があるのだ。一生の仕事が終わってその機能を使い尽くした花や葉は、そのままの姿でとどまることは、自然の新陳代謝の停滞を招くことになる。花や葉はいさぎよく無心に散らねばならないのである。「落葉帰根」である。

花が散り葉が落ちるからこそ、次の春に新芽が息吹き、葉がひろがり光合成を活発にして草木は花をつけることができるのである。滅という現象も実は創造活動のひとつの「はたらき」であり、滅もひとときの相にすぎないのである。

ここまで考えてくると、生と滅のはたらきの背後にあって、ひたむきに生きてやまない「いのち」とその創造活動が、厳として実在していることに気づかされるのである。そこは「有為の奥山を今日越えた」ところなのである。

これを印度の哲学的に表現すれば、生滅という相対は、生きてやむことのない創造的智性という「いのち」の絶対的統一場から流れだし、また帰命するものであると言うことになる。

今まで、現象界の中で、矛盾に見えていた生と滅のはたらきも、いずれもが原理である根本主体の「いのち」のはたらきの中では共に調和していることが観えてくる。「いのち」という実在とその創造の「はたらき」というものに私たちの眼が開かれるならば、生滅を巳に越えとげたことになるのである。

春分の波はしづかにアラビヤ海

スリランカのコロンボからインドのムンバイ（ボンベイ）に向かうこの洋上で、春分の日を迎えた。日本では西方浄土に合掌していた私たちが、いま日の出づる国、日本の方向から昇る朝の太陽に、合掌しているのである。彼岸が此岸となったのである。九二才の棚橋おばあちゃん先生の山号寺号が決まった。太極山純心寺。いつまでも子供の心でいたいからとテレながら教室で笑った。

ミドリ児ノシダイシダイニ育チユキ仏ニ遠クナルゾ悲シキ。

浄土トハミナミニアルヲ知ラズシテ、西ニ願ガフハ悲シカリケリ。

一休禅師のお歌を講義し、全員で延命十句観音経を読誦した。涙する人が何人もいるインド洋上の彼岸であった。

三月二一日（金）　世界一周クルーズ・19日目

終日航海（二）

ドレスコード・カジュアル

「寂滅為楽」（アサキユメミジエヒモセズ）

今まで、現象の中に翻弄されて生きてきた自分であった。現象としての生は喜びである。神仏の恵みと感謝した。だが、死は永遠の別離であり、悲しみであると受けとめてきた自分なのであった。

しかし、生と死という矛盾した「はたらき」を巧みに使いながら、ひたむきに進化し向上し進展してゆこうとする、「いのち」の原理が実在することを、このインド洋上で識ることができたのである。

今あらためて、釈尊とマハリシ・マヘッシ・ヨーギと天風哲人と中村元先生、太田久紀先生、今成元昭先生、池田魯参先生、杉山彦一先生、故・井上球二先生ほか多くの法輪常転の我が師に深く感謝したい。このインド洋の落日を西方浄土と拝してきたいま、彼岸を此岸としてとらえることができたのである。西これ西に非ず、東これ東に非ず。

私たちは、大いなる「いのち」のはからいで生まれ、大いなる「いのち」のはからいで死ぬのである。死もまた、大いなるいのちの発展の相である。亡父母のいのちを我がいのちとして生かされているのである。だから死もまた、大いなるいのちの発展として、その根本主体に戻ることにすぎないのである。

帰命、帰霊であるから怖れることもない。死を静かに受け容れることである。全面肯定が仏陀の根本思想なのである。生まれるのも有り難きかな、死もまた有り難きかなである。

一人の生死を演出しながら進展してやまない大生命のはたらきを明確に把握し得た時、私達は迷いから覚め、とらわれから離れ、心はやすらぎの中に居ることができるのである。この境涯を、こよなく楽しみとすることを「寂滅為楽」という。「浅き夢見ず酔いもせず」である。

そんな考えがまとまったことに満足して、この大いなるインド洋に浮いている私という自分を確認するかのようにデッキに出てみた。

波頭割れ春の光をまき散らす

海の面ふくれわき立ちイルカ飛ぶ

現象の背後にあって、現象を演出している大いなる「いのち」のあることを識り、素直に現象を眺めた。現象の中に根元の「いのち」の大いなる力と、はかり知れない絶妙なる創造性がはたらいていることに気づかされる空と海のあいだである。

送られつ送りつ先は木曽の秋　芭蕉

「春」、木の芽が一斉に咲き出すのは、新鮮で純真でまぶしいほど美しい。花は無心に咲き、そして無心に散る。

「夏」、葉が大きくひろがり、暑い陽をうけて光合成をしている姿は、育ちざかりの青年を見るようでたくましく美しい。

「秋」、次世代の種子をやどした赤い実が実るのはめでたくも美しい。色づいた葉が散ってゆく姿は、仕事をなしとげた充足感があって美しい。

「冬」、落葉が重なり合って分解してゆくのも、還元の理にかなって、ご苦労さまと掌を合わせたくなる。

人の誕生も、成人も、結婚も、未来への可能性を含んでいるから美しい。

壮年期の存分に創造活動している姿は、とてもたくましくて美しい。

初老期の分別あるおちついた姿は、少しのお洒落の中で美しい。

老年期の夫婦には、人生を共に生きぬいてきた伴侶へのいたわりがあって美しい。

そして、悶えもなく、苦しみもなく、枯葉が音もなく散るようにこの世を去っていく姿は荘厳で美しい。

草も木も、そして人間も、生きとし生けるものはすべて大いなるいのちの中で産れ、生き、そして死んで往く。「生き死には、これぞ仏の御ン命」である。すべて大いなる「いのち」の中のできごとである。

吉野山転んでもまた花の中

どこの土になろうとかまわぬ落葉かな

世の中にわがものとてはなかりけり　身をさえ土にかえすべければ

覚悟して、明朝インドのムンバイに上陸しよう。「覚」はめざめ、「悟」はさとりである。絶対の哲理にめざめ、相対の自己を楽しむこと、それが彼岸というものであろう。

三月二三日（土）世界一周クルーズ・二〇日目

インド・ムンバイ入港

ドレスコード・カジュアル

波止場はや夏めく白き船着けば
下船する一人はサリー身につけて

九〇分遅れの午前一〇時半、ドイツ客船オイローパに並んで飛鳥はインドの西の玄関旧ボンベイに入港、気温は三〇度を越えていると思う。海面は油を流したように澱んで黄土色、しかも悪臭が鼻をつく。

歓迎の楽隊が演奏をして迎えてくれる。「WELCOME TO MUNBAY」。英国植民地時代に英語で「ボンベイ」と表現されたが、現地の人々は昔からマラティ語でこの地を「ムンバイ」と呼んできたそうだ。

数世紀前このムンバイはポルトガルの女王が、英国に嫁ぐ際の持参金の一部であった。

●プロフィール

ムンバイはマハーラシュトラ州の首都。アラビア海に面した人口一二〇〇万人のインド第二の大都市であり、西の玄関口。インドの政治の中心が、ニューデリーであるのに対して、ムンバイは経済の中心地である。各国商社の駐在事務所も多く、インドで最も近代的なたたずまいを持っている。一方、市街には一九世紀のイギリスの雰囲気を色濃く残す建物が多い。

ヨーガのアニール・セティさんによると、ムンバイはインドのハリウッドのような街であるという。地方各地からその名をあげたい夢ある人々が多勢集まり、その九九・九九九％は夢破れるがそれでもこの街に住みつづけ、その人のカーストによってそれぞれ生きていけるだけの包容力を持っているエネルギッシュな街だという。そして最後には、物乞いのために右手を他人に差し出したとしても、銀行員の月給分位はひと月に布施してもらえる街だとのことである。

新生インドの躍進するエネルギーを象徴するかのような三〇階建ての高層ビル、その周辺には屋台のようなバラックがとりまいているのは、そんな生活を表現している景色なのであろう。

●気　候

日本の約七～八倍の広さのインドは地形変化に富み、地域差が大きいが、三月のこの時期のムンバイはベストシーズン。雨は殆どなく、やゝ湿度は高いものの、典型的な夏空。最高気温三四度C、最低気温二〇度C。

●治　安

摩天楼があるかと思えば、その隣りに路上生活者が横たわる路地。観光客であふれる雑踏もありで、まさに「混沌の都会」。貧富の差が激しいので、貴重品には要注意である。スリの被害体験は、香港だけでもう沢山である。

●言　語

インドには数百の言葉があると言われているが、実際の経済活動や国の政治を運営するための共通の公用語としては一五もの言語が認められている。ムンバイのような国際都市では、ヒンズー語、マラティー語、英語が中心である。

●時　差

日本より三時間三〇分遅れ。日本の正午は、ここでは午前八時三〇分。

●通　貨

インドルピー。一インドルピーは一〇〇パイサ（約三、五円）。

●宗教上の規制

ヒンズー教では左手は不浄の手とされている。握手は右手。左手で子供の頭や肩にはふれないように要注意。牛はシヴァ神の神聖な乗り物。豚は不浄なものとして一切口にしません。インドの肉料理は、羊か鶏である。

グランドホールでのツアー説明会で学んだことを頭に入れて、上陸後すぐ横の波止場から連絡船に乗り、エレファンタ島の石窟遺跡を見にいく。この遺跡は、アジャンタやエローラの仏教石窟遺跡同様、ＢＣ一世紀からＡＣ六世紀までかかって造られたものだという。

ヒンズー教の石窟であるため、シバ神、ヴィシュヌ神、ブラフマンの石像だらけ。延命十句観音経を読誦する雰囲気ではなく、そこは仏教から遠い異国であった。やはり仏陀はヒンズーの異端者なのである。ヒンズー教の人は仏教の菩提樹をピッパラ樹と昔から呼ぶのである。ガイドのシャンテアさんが教えてくれた。

エレファンタ島から帰りの船は、インド門の下に着岸。一九一一年、ジョージ五世の訪問のとき、英国のインド植民地支配の象徴としてパリの凱旋門のイメージで建造されたものだ。

私たちも当時の英国人のような気分でこの門の横から上陸。ホテル「タージマハール」のクラシックな素晴らしいホールで、香料の効いた美味しい食事を楽しんだ。

金持ち層に信者の多いジャイナ教寺院や市営の大洗濯場を見学してから、ガンジー記念館に入った。一九一七年から一九三四年までこの家は旧ボンベイにおけるガンジー運動の本拠地として使われていたものである。真理と非暴力という不滅の理想に基づいて国家を築き上げたマハトマ・ガンジーのヒューマニズムにふれて目頭が熱くなるのであった。「自分の正しいと思ったことを成しつづけなさい。そして、その正しいことのために死ぬとしてもそれが自分の仕事であったと思いなさい」。マハトマとは偉大なる霊という意味であった。

飛鳥は一八時〇〇分、汽笛を三回鳴らしてムンバイを出港。真珠のネックレスと呼ばれるムンバイの灯が海上から美しい。

船首いまサラーラへ正し動き初む

ともづなは生死の岸にときすてて解脱の風に舟よそひせよ
藤原俊成が「長秋詠草」に法華経徳行品をこのように詠んでいる。

「不二いのち」純粋自己の必竟帰　一九九七年三月　内山興正老師作　満八五歳

老い最後
生死一つの
いのち知る
生と死でなく
生死一つの

光闇
一つの蒼空
深き如
生死一つの
いのちの深き

いま出会う
深くいのちを
拝みつつ
拝む深さで
いのち深き行く

分け別ける
思い手放し
ただ拝む
不二のいのち
いのちのままに

六章

さすが飛鳥裸で渡るインド洋

三月二三日（日）世界一周クルーズ・二二日目

終日航海（一）

ドレスコード・カジュアル

船の向き変わり船尾に旭日かな

今朝は陽を船尾に迎えアラビア海

前夜に配布される「アスカデイリー」の第一面下にその日のドレスコードと日出・日没時間が書かれている。そして三ページに渡る各施設での催し物と食事が一覧表になっているので、乗船客はマジックペンで参加したいイベントを時間帯別に選び、その日、その日の行動計画をつくるのである。

アラビア海洋上の日の出は六時二六分。日没は一六時五一分。毎日六時〇〇分起床、洗面、ウォーク・ア・マイル、太陽の写真撮影、モーニングコーヒー、【朝食】、九時の気功教室、グランドスパ、ピアノ・ティータイム、文化講座、【昼食】、寄港地紹介、映画又は午後の文化講座、三時の気功教室、エレガント・ティ、明日の講義メモ作成、オープンデッキの散歩と交友、夕陽の写真、バー・タイム、【夕食】、ラスベガス・コーナー、ミュージック・タイム、ダンス・タイム、マジック・タイム、カクテル・タイム、レイトナイト・スナック、室内シャワー、日記、そしてベッドイン。

これら二〇項目ほどの繰り返しで、乗船客の積極派は忙しくこのスケジュールを毎日毎日こなしていくのである。しかし船旅も一ヶ月近くなると、知的好奇心もなく社交下手な人達は、今後の長旅の不安からコソコソと井戸端会議で人物批判もはじまっている。

私の部屋のルームスチュワーデスは、フィリピーノのミス・ニニーさんである。毎日三回もルームメイクにきてくれる。そして、主婦にとっては食事や掃除の仕事から解放され、気の合う仲間とのオシャベリ、ショッピング、オシャレの毎日。まさに、天国ここにありの飛鳥の船内生活である。

キャビンのテレビチャンネルについてメモしておこう。

一～三チャンネルは、ＮＨＫ衛生放送。（日本近海）

一～六チャンネルは、一般テレビ放送。（日本近海）

六チャンネル、ニュース文字放送。

七チャンネル、飛鳥の航路図。

八チャンネル、ブリッジからの現在風景。

九、一〇チャンネル、ビデオチャンネル。映画や「海のシルクロード」。
一一チャンネル、船内時間とＢＧＭ。

そして、自分のビデオも再生できるので、気功教室の受講生たちは自分の部屋でも「八段錦」や「香功」を練習しているようだ。私の本二〇冊とビデオ四〇本は開講後一〇日間で完売、飛鳥コレクションの売店責任者にお礼を言われた。こんなことは飛鳥の就航以来はじめてだそうだ。売店では品切れなので受講生同士のビデオの貸し借りもはじまっている。

私は、美花と真吾の成長記録十二章「サンライズ、サンセット」を持参したので、そのビデオテープのＢＧＭでジャズボーカルを楽しみ、映像では三〇年間の子育てをかえりみては、今の自分をアラビア海に浮かべて我が人生の感慨にふけっている。

なぜなら、今日は横浜出航後、二度目のノー・アクティビティ・デイなのである。乗船者同士の同好会以外は完全休講日なのである。

室内テレビ七チャンネルの航路図が、横浜からアラビア海上にまでその線を伸ばしている。思えば遠くに来たもんだ。九デッキのライブラリーでインド大陸を背にしながら、こんな二冊の本を読んだ。

遠藤周作『深い河』（講談社）

その印度人は大声で答えた。

「この河は気持ちいい」

美津子はうなずいて河の中に片足を入れ、もう一つの足を沈めた。……

右に二人、左に四人、ヒンズー教徒たちの男女が顔を洗い、水を口に含み合掌をしている。

…………

美津子は河の流れる方角に向いた。……

視線の向こう、河はまがり、そこは光がきらめき、永遠そのもののようだった。

「でもわたくしは、人間の河のあることを知ったわ。その河の流れる向こうに何があるか、まだ知らないけど。でもやっと過去の多くの過ちを通して、自分が何を欲しかったのか、少しだけわかったような気がする」

彼女は五本の指を強く握りしめて……

「信じられるのは、それぞれの人が、それぞれの辛さを背負って、深い河で祈っているこの光景です」と、美津子の心の口調はいつの間にか祈りの調子に変わっている。「その人たちを包んで、河が流れていることです。人間の河。人間の深い河の悲しみ。そのなかに、わたくしもまじっています」……。

ヘルマン・ヘッセ『シッダールタ』　高橋健二訳（新潮文庫）

「聞こえるかい？」とヴァスデーヴァの無言のまなざしはたずねた。……シッダールタはもっとよく聞こうとつとめた。父の姿、むすこの姿が流れあった。カマーラの姿も現れて、溶けた。ゴーヴィンダの姿やほかのさまざまの姿も現れ、溶けあい、みんな川になった。……川の声はあこがれにみちてひびき、燃える苦しみに、しずめたい願いに満ちてひびいた。……川は、彼や彼の肉親や彼が会ったことのあるすべての人から成り立っていた。すべての波と水はいそいだ。悩みながら、目標に向かって、滝に、湖に、早瀬に、海に向かって。そしてすべての目標に到達した。……

シッタールダは耳をすました。彼は傾聴者になりきり、傾聴に没頭しきった。空虚になりきり、ひたすらに吸い込みながら。……彼は今や傾聴を究極まで学んだ。川のなかにこれら多くの声を、彼は聞いたが、きょうは新しく聞こえた。もう彼は多くの声を区別することができなかった。泣く声から楽しい声を、おとなの声から子どもの声を区別することができなかった。それはみないっしょになった。

……すべてがもつれあい、結びつき、千様にからみあった。……すべての快感、すべての善と悪、すべてがいっしょになったのが世界だった。……

三月二四日（月）　世界一周クルーズ・二三日目

終日航海（二）

ドレスコード・フォーマル

春の航デッキに赤き救命具

海の紺空の青にて春包む

横浜、大阪、上海、香港、シンガポール、コロンボ、ムンバイ、そして明日はこのアラビア海を横断してオマーンのサラーラに入港する。

三月三日（月）、ヨコハマを出てからこれで三週間二一日目、この船で暮らす乗客四五〇人は全員飛鳥村の住民と化す。私の七二八号キャビンは七丁目二八番地となり、お隣りの愛知県海部郡佐屋町の有吉昭氏の七三〇号キャビンは七丁目三〇番地となる。

七丁目には散歩のプロムナードデッキがあるので繁華街。そして、八・九・一〇丁目はベランダ付高級マンションということになる。

住民名簿なる乗船者名簿も配布されたようだが、講師にはいただけない。乗船客の中には、医者や大学講師や会社役員も多い。もとユニデンの国枝宏安副社長とグランド・スパの水風呂の中でお逢いしたのには驚いた。そして主婦達の仲良し集団も成立しはじめている。

そんな集団生活の中で三ヶ月九三日間のロングクルーズでは、講師と乗船客の関係にエンタテイメントスタッフは気配りをする。

「講師」は、その「レクチャー」を乗船料として飛鳥に乗っているエンタティナーであり、「乗船客」は「三〇〇万円から一五〇〇万円」まで有料でサービスを受けるお客様なのである。当然面白くないことはクレームとしてレセプションに電話が入り、スタッフは状況判断の上その問題解決に着手しなければならない。

和服の着流しで船内を歩き回り、夜はマリナーズ・クラブで深酒をしては女性客の身体にタッチしていたオジサンも、途中で下船されそうになり最近はおとなしくしている。

ダンスの先生も大変である。「いつも特定の生徒ばかりと踊って、私とは目が合っても踊ってくれない」とクレーム電話がレセプションに入るようだ。

そして、とうとう私にも若倉雅貴クルーズディレクターから「夕食が済んだらお電話ください。ちょっとお話したいことがあります。」との電話をいただいた。

いよいよ自分の番かと反省してみると、あれこれと心に浮かぶ自分の欠点が多いものである。

若倉ＣＤは、中学時代から心理学を読みとり心理学者を目指すが、浪人時代に演劇に魅せられ演出家を志す。英国オックスフォードに留学し本格的な演出の勉強に励む一方、俳優教育のトレーナーとしての専門家でもあるプロデューサーなのである。

また、自閉症や登校拒否を直す演劇的療法にも従事され、ミュージカルからオペラまで幅広い作品を残す一方、舞台やTVの企画、構成、演出の仕事で活躍中に一九九四年四月突然、飛鳥のクルーズディレクターに着任されたその道のプロである。船内のイベントを担当する責任者であり、宴会部長とも呼ばれている。


「長岡先生、三週間たってもあれだけの人数の気功教室ご苦労さまでです。世界一周という長い航路ですので、今後の集団生活のためにお願いしたいことが二つあります。」

自己点検の反省点の中から、アレかコレかと自分の欠点の指摘されそうなことが脳裏をかけめぐる。

「帰山先生に人気が集まることは良いことなのですが、教室の外でも先生の取り巻きが出来つつあることに私たちは心配をしています。食事やツアーの際に特定の受講生ばかりと席を同じくするのはお気をつけください。他の方々も先生に近づきたいと思っているのですから。」

「高島忠夫さんにも、そんな理由でバスツアーをご遠慮していただきました。」

「……。」

「それと、もうひとつは空手着で船内を歩かれるときデッキシューズのかかとを中に折ったままお履きになられるのは何か理由でもあるのでしょうか……。」

「……。」

いや、参った、参った。プロのエンタティナーの世界を垣間見た気がして大変勉強になりました。こんど、若倉宴会部長と出会ったら「アシカラズ」と云ってデッキシューズから改めるように努力したい。

講師会の面々

三月二五日（火）　世界一周クルーズ・二三日目

オマーン・サラーラ入港

ドレスコード・カジュアル

明け易き船旅陸のまだ見えず

接岸のエンジンショック雲ゆれる

インド半島の西岸、ムンバイを三月二二日（土）一八時〇〇分時出港。船首に夕陽、船尾に朝陽を迎えること三日三晩、飛鳥は暑き海アラビア海をとうとう西に横断した。インドのヒンズーの神々に見送られて、イスラム文化圏への入港である。

「生」という明在系は素材の結合と建設の仂きであり、「滅」という暗在系は分解還元の仂きであることを三月二〇日（木）お彼岸の中日に学んだ。そして、この「生」と「滅」の二つのハタラキを司る根本主体「命」が絶対存在としてすべての現象の底辺に横たわって創造発展を維持していることに気づかせていただいた。ヒンズー哲学に於ける根本主体「ワンネス」がアートマンであり、創造・停滞・破壊を司る神々が、シヴァ、ヴィシュヌ、ブラフマンであった。

このような結論をインド文化のまとめとして脳裏にしまいこみ、いよいよイスラムのアラビア半島の大地オマーンに上陸である。日本語のできるガイドがこのサラーラにはいないので、英語ガイドの半日観光に乗った。

●プロフィール

オマーンはアラビア半島の南東部にあって、その面積は日本の約四分の三。半島の中ではサウジアラビアについで二番目に広い国である。長い半鎖国状態から一九七〇年にガブース現国王（スルタン）が王位につき、石油の輸出でようやく近代化にこぎつけるようになった。輸出量のなんと六〇％は日本向けだそうだ。

サラーラはアラビア海に面した南部の中心都市。人口六万人の自然豊かな町で、ヤシやバナナの木が生い茂り、海岸線は手つかずの美しいビーチである。海のシルクロードの中継地として古代から栄えた。

●言　語

公用語はアラビア語。労仂力不足のため、他のイスラム諸国のみならず、インド、スリランカ、フィリピンからも多くの労仂者がきており、英語が通じる。

●気　候

オマーンの国土の八〇%が砂漠だが、海岸線が長く北東と南部は山地であるため、気候は様々。モンスーンの季節（七～八月）は大雨に見舞われるが、三月の日中の気温は平均二八度。

●時　差

日本より五時間遅れ。日本の正午が、サラーラの午前七時。

●通　貨

オマーン・リアル。一オマーン・リアル＝一〇〇〇バイザ＝約三〇〇円。

●アラビアの暦

イスラムの国々では、普通は西暦を使用しているが、ラマダンなどの行事はすべてヒジュラ暦（イスラム暦または太陰暦）。ヒジュラは西暦六二二年、予言者ムハンマドがメッカからメディナに移動した日のこと。休日は金曜日、週末は木曜。イスラムの祭日は、月の満ち欠けを見た上で、最終的に国の首長なり国王なりが、布告して決める。そのため前日や当日になって発表されることもあるそうで、急に休みに入ってしまうので旅行の予定をたてることなどは難しいとのことだった。

インシャラー（神のおぼしめしのままに）と云う言葉で全てを済ませてしまう風習も、

そんなことから由来するのかもしれない。

●らくだ

オマーン国民の人口調査が初めて行われたのは一九九三年一二月。しかし、らくだの数は昔から登録され、サラーラには四〇万頭が確認されている。

らくだが車道を横切るときは、必ず車は止まらなければならず、万が一、運悪く車がらくだをはねてしまったら三、〇〇〇オマーンリアル（¥九〇万円）の罰金だそうだ。

インシャラー、インシャラー。

この港で稲取のホテルオーナー鈴木夫妻が手荷物だけで下船した。ご主人が半身不随で救急車での現地入院である。朝から晩までのイベントのスケジュールをエネルギッシュにこなしていた六〇歳。無事帰国を祈る。

バスは、伝統工芸品や民族衣装を展示しているサラーラ博物館から、貴金属の専門店が二〇軒ほど集中しているゴールド・スークをウィンドウ・ショッピング。国王の夏の宮殿アル・フスン宮殿を車窓観光。

そして、砂漠を歩くらくだの姿にアラビアン・ナイトをイメージしつつバスは山に登った。「ヨブの墓」である。たしか聖書にヨブ記の項があったと思うが、コーランでも預言者として尊敬されているヨブのお墓であった。

私たちが歴史を語るとき、特定の地域だけを中心にしがちである。現代に生きる私たち日本人は、日本列島に生きた人々の歴史と、ユーラシア大陸の西端にある西ヨーロッパ地域の住民の歴史を中心に、「世界史」を考えてしまう。そうなると、イスラムの世界は、歴史の本流からはずれた「はずれ者の歴史」として私たちの意識から遠くなってしまっているのである。日本列島と西ヨーロッパの住民は、数の上では、世界の人口の一割にも満たない。世界の九割の人々を無視した「世界史」しか自分の頭の中に存在しないことをつくづく悲しく思う。この中近東の石油資源なしに日本経済はありえないのに。

イスラムとは、その言葉の本来の意味は、「神」への従服、ということである。イスラムには「アッラー」という、独自な「神」が存在するのだという私たちの誤解がある。「アッラー」は、英語に訳せば「ゴッド」である。キリスト教徒の『聖書』に登場する「神」、それは英語なら「ゴッド」であり、ギリシャ語やラテン語なら「エホバ」であったり「ゼウス」であったりするわけだが、それをアラビア語に訳せば「アッラー」になる。

「アッラー」とは、『聖書』に登場する「神」と同一の存在なのである。イスラムとキリスト教、ユダヤ教の三者が共有する「神」は、天地万物を創造した唯一絶対の存在としての「唯一神」なのである。そして、この唯一神を信仰する「一神教」を背景にした文明世界の住民は、世界の人口のなかばを越えている。

インド文化圏までは、何とか努力して気功教室でも観光した場所のダイジェスト版の話をすることができたのだが、イスラム文化をまったく勉強していない自分を乗せてバスはオマーンを半日走った。

シバの女王の遺跡も近い。「船乗りシンドバッド」の国でもある。

「サレマレコン」（神の平安と幸せを）がこの国のあいさつ言葉であった。

一三時三〇分出港。飛鳥の給油が目的のオマーン・サラーラ入港だったようだ。稲取の鈴木夫妻ガンバレ。

船首いまサファガに向けて動き初む

ASUKA
TOKYO

七章

花一枝生けて大船アラブ海

三月二六日（水）　世界一周クルーズ・二四日目

終日航海（一）

ドレスコード・インフォーマル

この暑さ火夫や狂わん船や止まらん

亜典とは鬼棲む地かや上陸す

高浜虚子の句である。一九三六（昭和一一）年、虚子先生はお嬢さんを連れて、日本郵船の「箱根丸」（一万〇四三三トン）で、ヨーロッパの遊覧に出かけている。そして船中で作った百二十句が残されている。いまは空調の良く利いた、こんな豪華客船で涼やかにカルチャー教室まで楽しみながら航海する時代がやってきているが、虚子の乗った「箱根丸」の炎天下のアラビア海はどんな船旅であったであろう。「火夫や狂わん」であるから石炭船であったのであろうか。私たちはイエメンのアデン湾を通り抜けて紅海を北北西に進路をとり、直接エジプトのサファガに向かっているが、高浜虚子の乗った「箱根丸」は、このアラビア半島の南端、旧南イエメンの首都アデンに、立寄っている。

アデンは、火山の溶岩流が作った天然の良港で、紅海とインド洋に睨みをきかせる軍港でもあったそうだから、「鬼棲む地かや」の句が残されたのであろう。キャプテンの配慮で、飛鳥は夕陽を背景にアデンの岩山に接近した。日没一八時〇〇分。

夕食のテーブルで、すてきなカップルと同席した。以前から気功教室にも参加されていて、講義のあとで「センセ、逆式腹式呼吸いうのを教えてクダサイマセンカ」と関西弁まじりで質問されたことがあったのでこのかたは唯者ではないなと思っていた。

フォーシーズンズ・ダイニングの入り口で、そのカップルに誘われるまゝ同じテーブルの席についた。冷えた白ワインで、生うにと卵のタルトレット、伊勢海老のコンソメスープ、舌鮃のムニエル・アーモンド飾り、洋梨シャーベット、和牛ロースのパン粉付け焼き、アスパラガスサラダ、クレープシュゼット、と「シェフのお薦め」を楽しい会話と共に夕食を楽しんだ。

西洋絵画にも、船旅にも、俳句にも、歴史にも、話題豊富なその紳士は、京都大学医学部卒の外科医で、若い頃から肺結核の手術を担当し、約二千人の患者に施術してきたと、大きな声でカラカラと笑った。神戸の住民である。そして、長岡先生の母の従弟である京大医学部の兄弟教授、木村敏、淳先生には学生時代に習いましたよとなつかしそうに微笑んだ。社会保険高浜病院名誉院長の青木幸平先生と千鶴夫妻である。今夜の食事の思い出にと俳句を交換した。

花一枝生けて大船アラブ海

航跡は水平線に春果つる。　耕平

彼の母は、虚子の直弟子で俳号は稲女。「麦秋」の主宰者であった。そして、奥様も記念にと一句書いて下さった。

花明かりえにしの糸をつむぎつつ。　千鶴

三月二七日（木）　世界一周クルーズ・一二五日目

終日航海（二）

ドレスコード・カジュアル

日出五時〇八分。日没一七時三二分。

飛鳥はアデン湾を深夜に右折し、紅海に入った。左岸はエトリア、そしてスーダン。右岸は古代シバ王国、イエメンのモカ（古代コーヒー積出港）を通り過ぎてサウジアラビアのメッカである。

世界地図では紅海は左右狭いので両岸を見ることができるのかと思っていたが、何とよく世界地図をみると日本本土の幅ほどの広さ。左右が一度に見渡せるわけがない。海上保安庁水路部刊行の二二五万分の一の国際海図「紅海」を日本水路協会（TEL〇三・三五四三・〇六八九）から、受取人着払いで入手してきた。タタミ半畳ほどのこの大きな海図で航行中の海の深さを読みとりながら、今朝はこのレッドシー「紅海」を北北西に北上している。

ところで、今日も明日も終日航海がつづくので、日本客船による世界一周の歴史を調べてみようと気功教室のあとに、また今日も九デッキのライブラリーにやってきた。図書室特有のひきしまった静けさの中で、皮の柔らかなソファに深々と腰を沈めた読書好きの方々が、それぞれ思い思いの本を読み耽けっている。私の「気功・八段錦」と「気功・太極拳」の本もこのライブラリーの棚に入っている。「八段錦」二〇冊は一週間で飛鳥コレクションの売店で完売してしまったため、この図書室から貸出しで八二八号室の方が、持出している。

暑き海抜け来て海の入り陽かな

さて、日本の客船による最初の世界一周は、一九三九（昭和一四）年、大阪商船が、新鋭客船「あるぜんちな丸一世」（一万二七六〇トン）を就航させた処女航海であった。香港、シンガポール、インド洋からアフリカ希望峰を回って、大西洋を横断してリオデジャネイロ、サントスと南米を経由、パナマ運河、ハワイ経由の西回りで世界一周している。全航程五万五千キロ、百十四日間。料金は一等が二千七百二拾一円から五千九百八拾八円とある。

この年の大卒銀行員の初任給は七拾円である。年俸ボーナス込みで一千円とすれば、その三倍から五倍の料金。「あるぜんちな丸」は移民を兼ねた定期客船だから、観光客は一等が当然の時代である。乗客には、テナー歌手の藤原義江夫妻の名前もあるので、浅草好きのペラゴロであった我が父も、このニュースには耳をかたむけていたことだろう。私が一歳のときのことである。

その当時、すでにオプショナルツアーも組まれていて「全費用概算四百七拾二円四拾銭也」とある。すでに香港島一周やロスアンゼルス観光などが入っている。

戦後の日本客船の世界一周クルーズは、一九七三（昭和四八）年、商船三井客船の初代「にっぽん丸」（二万〇九七〇トン）が行った八八日間クルーズが最初であった。これも伝統の南米東海岸定期航路を行く世界一周だが、戦後は東回りで太平洋を渡り、ロス、パナマ運河、南米ベレン、サントスを経てアフリカ希望峰回りでインド洋からシンガポール、香港経由で帰国している。エコノミー、四人キャビンで四四万三千百八〇円。

同じ年に、これも商船三井客船の「新さくら丸」（一万七二〇〇トン）が西回り希望峰経由で八〇日間世界一周。料金は、六七万五千円から八〇万円。参加者六〇人。

この年の大卒公務員の初任給は、五万五千六百円であるから、世界一周料金は年間所得金額まで下がったことになる。

今回の飛鳥の世界一周料金が三百万から千五百万円。昨年の大卒公務員初任給は二〇万円である。グレードの差はあるが同じくボーナス込みの年俸金額になるのが面白い。

二一世紀に生きる日本の青年には、ぜひ若い年齢で世界の文明文化に触れてもらいたいものである。

三月二八日（金）　世界一周クルーズ・二六日目

終日航海（三）

ドレスコード・インフォーマル

日没五時二三分。日没一七時五一分。

波が波追う海原や春晴るる

遠眼鏡ごしの島影春がすみ

この紅海レッドシーが、左岸に横たわるアフリカ大陸と右岸のアラビア半島を二分している。かってフェニキア人が帆船を連ねて、地中海から遠くインド洋まで航海した重要な海のルートである。アジアとアフリカ、そしてヨーロッパの文明が、最小幅二〇〇キロメートルのこの細長い海を行き来したのである。文明を運んだのは、いつもこの海だったのである。

かってフランスの海洋学者クストーが「世界で最も美しい海」と称えた紅海はまだ生きているが、カンビールの缶が二〇～三〇個まとまってこの海を流れて行くのが、デッキから見えた。この飛鳥では、ビンもカンも廃棄物は全部粉砕して処理していますと船長が胸を張ってつぶやいていた。

この紅海のエジプト沿岸地域、すなわちナイル川の東側からこの紅海までの一帯を東方砂漠と呼ぶ。「紅海」という名は、海の色ではなくこの大地の色をさしているのだ。草木一本ない赤茶色の大地は、海の群青色とふさわしいコントラストを生み出している。

和食にやゝ飽きたので、今日の昼食は八デッキのリド・カフェで洋食ビュッフェのカレーライスにした。室外のリド・デッキの日影でカレーのあとコーヒーとフルーツを楽しみながら紅海の海づらを眺めていたら、前述の慶応大学文学部の若林眞名誉教授が声をかけて下さった。

「帰山先生が教室で高浜虚子の句と共にふれられたアデンには、遠藤周作も欧州からの帰路立ち寄っているのです。」

「夏目漱石にしても森鴎外にしても日本の作家は欧州留学からの帰り路で、アデンに寄港したころ西洋を背にして、自分たちの東洋を考えはじめるようです。」

「講談社文芸文庫に遠藤周作の『白い人、黄色い人』という芥川賞受賞作品があります。その中に〈アデンまで〉という小品が入っています。解説を私が担当していますので宣伝になってはと思い、教室では申しあげませんでしたが、帰山先生なら興味のあることだろうと考えて申しあげました。」

天高く水平線に船を置き

洋を聴く剥く青林檎黒むまで

若林先生とのこの日のデッキでの会話が、私が帰国してからこの「夢帰港」の第十章を飾る玉稿を寄せていただけた幸運につながったのである。

気功教室に興味を持って参加して下さる方々との交流で、この飛鳥世界一周クルーズにはお医者さまと大学教授の多いことが見えてきた。

朝食、昼食、夕食で一日に三回四人づつの方々と同じテーブルに着いて会話すれば計一二人。三〇日間で三六〇人もの乗船客と会食したことになる。全員が飛鳥の家族になるのも当然なことである。

芸在精、不在廣。

気功教室も四月三日（木）のピレウスまでカウントダウンのあと一週間。参加者が多過ぎて太極拳も指導することができないが、カリキュラムをあまり広げずに同じ功法を身につけてもらうことが大切だ。

午前は香功、午後は導引養生功でしめくくることにしよう。

同好会の発足は三月三一日（月）、八時一五分からコンファレンスルームを世話人が手配した。そして、四月二日（水）、一七時三〇分から「長岡帰山先生を囲む感謝会」を南学圭伊子さんが主催し、夕食会への招待状をいただいた。社交慣れしたスマートな良き人たちとの飛鳥の気功の旅も今回はギリシャのアテネでピリオドを打つことにしよう。

ピアニストの中村智世子嬢が、デッキにもたれて夕陽に赤いレッドシーを淋しげに見つめながら、「帰りたくなーい」と大きな声で空に向かって叫んだ。ヘールボップ彗星が今夜も長い尾をひいている。

夕陽待つ船のデッキに身をゆだね
彗星や旅の夜長を海の上

三月二九日（土）　世界一周クルーズ・一一七日目

エジプト・サファガ入港

ドレスコード・カジュアル

日出五時三八分。日没一八時〇五分。

三月二五日（火）、一三時三〇分にオマーンのサラーラに稲取の鈴木夫妻を入院のため下船させた。それ以来四日目の今朝七時〇〇分、飛鳥はエジプトのサファガに初入港した。

右舷にオマーン、イエメン、サウジアラビア、左舷にソマリア、エチオピア、エリトリア、スーダンを見送り、紅海の北端サファガまでその航跡を伸ばしたのである。

ここサファガからエジプト新王国時代の文化が花開いたルクソールまで約二八〇キロ。灃砂漠と岩山の中を四時間かけて古代エジプトの都へ向かう。五台のバスはパトカーに先導されて、今はほとんど整備された道路を飛ばした。万が一の故障に備えて三台の空車も従い計八台、ＶＩＰ扱いである。

エジプトは九七％砂漠であり、三％の緑地はナイル河岸だけである。ルクソールはナイルの河岸に咲いた人類の遺跡。今から三三〇〇年前、ラモセス二世、ツタンカーメンの時代に最も花開いた街だ。

このナイル河は、その源をウガンダ、スーダンの白ナイルと、エチオピアの青ナイルに発する世界最長の大河である。「エジプトはナイルの賜ものである」という名言をギリシャの探検家ヘロトドスが二五〇〇年前の昔に残しているが、このエジプトはこのナイルなしには緑地は存在しないのである。

南北に流れるこのナイルの東岸は「生者の街」であり、西岸は「死者の街」である。太陽が日々、東から昇り西に没する姿から、そのよみがえりを生死にたとえ、ナイルの水の恩恵をたたえたこの街づくりの思想は、インドのガンジス河における此岸と彼岸にも似て面白い。

そして太陽の運行を司る神が、スカラベである。日本ではフンコロガシと呼ばれる虫であるが、丸いフンを太陽としてそのフンの中から幼虫が生まれる姿に、太陽と生命の創造を、古代ギリシャ人はスカラベにイメージしたのである。私たちはナイルをフェリーで西岸に渡り、先づ死者の街、王家の谷を訪れた。ツタンカーメンの墓で有名なこの新王国時代（前一五六五～一〇七〇頃）の王たちの墓のある谷である。

メムノンの巨像、ハトシエプスト女王葬祭殿をおどろきの眼でカメラのシャッターを何枚も何枚も押し、東岸（生者の街）ではカルナック神殿、ルクソール神殿を訪ねた。

古代のファラオたちが、神々のために造り上げた館に、象形文字や壁画が人間業とは思えぬ素晴らしい建造物の表面に、今なお残っているのであった。

大きな夕陽がナイル西岸に没した。再びルクソールから満天の星の下、東方砂漠を西に横切って帰路に着く。一九時三〇分、みやげ物屋もない路上でバスは停車したまま六〇分。運転手がメッカに向かってのお祈りのための停車であった。私もバスの外に出てスワイショウ、八段錦。エジプトの若者も参加して三〇人ほどの思い出深いエジプト路上気功教室となった。

ここからもへボ彗星が肉眼で見える。クレオパトラもアントニウスと共にこの彗星を眺めたであろうか。

東に四時間、飛鳥の停泊するサファガに戻る。深夜二三時三〇分。朝から一五時間のナイル往復強行軍の印象深いツアーであった。のんびり組はスエズ運河の通過をあきらめ、エジプトの陸上二泊でポートサイドから乗船する。所沢の小槻清次郎さん、ボンボヤージュ。

泊船の灯息づけり春霞

星月夜停泊船も灯をともす

有吉昭氏撮影　4月10日　エーゲ海飛鳥船上のヘールボップ彗星
ペンタックスMG　ISO3200　露出3秒　100mm F2.8

若林真、絢子夫妻

南学正夫、圭伊子夫妻

八章

春潮の波はここよりスエズ湾

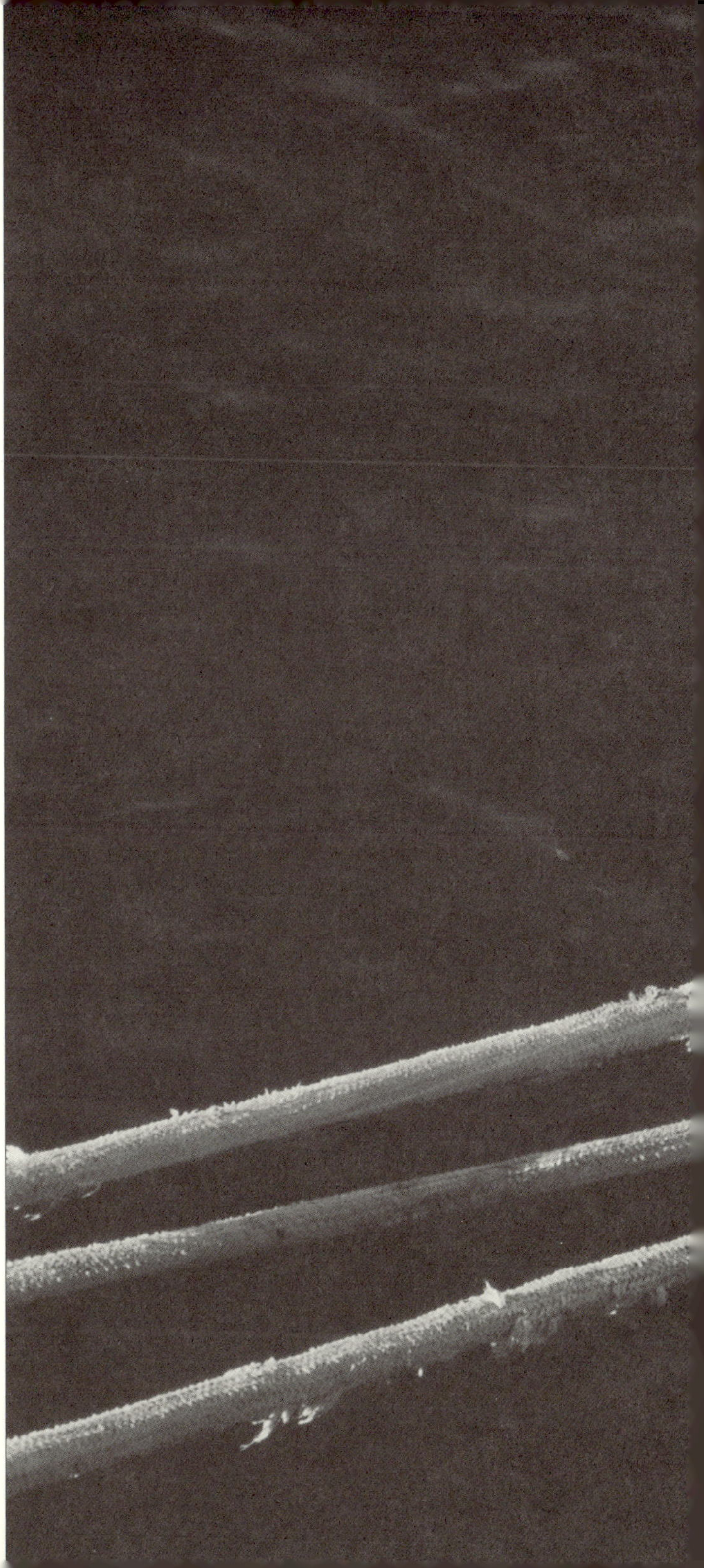

三月三〇　日（日）　世界一周クルーズ・一一八日目

サファガ出港

ドレスコード・カジュアル

日出五時三七分。日没一八時〇五分。

出航に少し間のあり鰯雲

停泊中の飛鳥で目覚めるのは、今朝がこの旅ではじめてのことである。静かながらもエンジン音と波の振動を揺りかごとして三〇日近く過ごしてくると、不動のベッドが不自然に感じてくるから不思議である。

飛鳥は九時〇〇分出港。気功教室も九時〇〇分開講。今朝は飛鳥の離岸を見たいので出席者が少ないことだろうと一〇分前にフィットネスルームに入ると、何ともう三〇人以上の方々が待ってくれている。開講前の五分間スピーチで話すテーマが面白いと人気になっているので出席が早い。しかも、昨日の強行軍の後では気功が身体に良いことを理解してくれたためであると考えたい。

それにしても、サファガ離岸の風景を受講生も見たいことだろうと思い、教室での香功を中国的に歩き回りながら、窓やドアを開けはなち雑談をさせたりしながら、入静を必要としない香功の良さを講話した。

後日、この配慮が先生の心の大きさであるとお誉めをいただいた。そして、河がその国の思想に大きく影響していることを説明した。

インドではガンジス河の彼岸と此岸、これは浄土と穢土を意味しているし、エジプトではナイルの西岸と東岸を死者の街と生者の街として、やはり二分した考え方を相互比較してホワイトボードに図示した。参加者の多くは深く点頭いて理解してくれた。

私の昨夜の句「泊船の灯息づけり春霞」には混沌の中における「静と動」「死と生」を文底に秘めて作った句である旨を説明させていただいた。

虚子の直弟子を母とする青木幸平医師（三月二六日参照）が「ワタシの昨日の句も披露サセテクダサイ」といってホワイトボードに次の句を書かれた。

おぼろ夜のナイル河畔に気功舞う

打てば響く心と心の出合いとは、まさにこのことであろう。

飛鳥は今日も、こんなすばらしい人と人との心の舫い綱を結びながら、その船首をスエズ運河に向けて航行中である。

春を航く船首はいつも潮に濡れ

春潮の浪はここよりスエズ湾

シナイ半島を右舷に見て飛鳥はスエズ湾に滑り込んだ。油田のポンプが左右の海にラクダのように見える。中には赤い炎を青き大空に吹き上げているものもある。

今日の深夜〇二時〇〇分スエズに入港して、明朝〇六時〇〇分出港。いよいよこの紅海と地中海をつなぐ南北一六二、五キロの世界最大の水平運河の旅がはじまるのである。一〇時間以上のドラマになることだろう。世界一周のハイライトのひとつである。

三月二二日（月）　世界一周クルーズ・二九日目

スエズ運河

ドレスコード・カジュアル

日出五時四一分。日没一八時一〇分。

出港の指示待つ巨船春の凪

三月一五日（土）と三月二三日（日）に次いで、今日は三回目の「ノー・アクティビティ・デイ」である。前回はシンガポール出港の翌日とムンバイ出港後の翌日であった。約一週間に一度の航海日を選んでエンタテイメント・スタッフを休ませるのであろう。

しかしその目的は催物ばかり追いかけて乗船客が長旅で疲れてしまわないよう配慮された、究極のエンタテイメント・デイでもあるのだ。

しかも今日はスエズ運河を楽しむ一〇時間ドラマの開幕である。

私の下船が、四月三日（木）に迫ってきたので帰山気功同好会の世話役である川本博氏や斉藤久子さんがこの日を選んで発足会をコンファレンスルームで開催してくれた。

「ボケます小唄」（お座敷小唄節）

（一）何もしないでぼんやりと、テレビばかりにかじりつき、年をとるのを忘れてりゃ、必ずそのうちボケますよ。

（二）仲間はずれで唯一人、何もやる事無い人は、のんきな様でも年を取り、いつか知らずにボケますよ。

（三）酒もタバコものまないで、歌も踊りもやらないで、人のアラなどさがす人、年を取らずにボケますよ。

（四）趣味のない人ボケますよ、詩吟、気功、イゴ、俳句、異性に関心もたぬ人、友達ない人ボケますよ。

（五）年を取っても白髪でも、頭はげても若い気で、しゃれけ出さないやぼな人、色気出さなきゃボケますよ。

（六）あなたと私はカクシャクと、老いて益々さかんです、今日も気功でニイハオと、微笑む仲間はボケません。

町田市の内科医、吉利正彦先生作である。出席者全員で合唱して、同好会発足を祝った。

はじめてのスエズ明日は四月なり

朝六時にスエズ港を出航というので、五時三〇分に寒いスカイデッキに上がった。しののめの空を仰いで早くも大勢の人が日出と出港を震えながら待っている。

夫の写真を胸にして景色を見せている人、エンピツでスケッチする人、太陽に掌を合わせている人、人さまざまの想いがその背中に出ている。平均年齢六七歳の乗船客には、世界一周予約からの一年間には様々の出来事があったことであろう。

スエズ運河は紅海と地中海をつなぐ一〇時間ドラマ。左舷はのどかな田園風景でアフリカ大陸、右舷は砂漠のシナイ半島。このまっすぐな水路を、軍艦、貨物船、客船の順番で行儀良く一列になってゆっくりと北上して航く。運河の幅は三〇〇～三五〇メートル。朝の気温は八度、トレーナーの上にスポーツコートを着てスカイデッキでの九〇分。

背骨の中まで寒くなってホットコーヒーを求めてリドカフェに飛び込んだ。そのくせ部屋にも食堂にも戻る気はしない。目をはなすと世紀のドラマを見逃してしまうというおそれがある。しかも、この飛鳥のスエズ運河通過料金は一八万ドル、約二千万円である。乗客一人当たり四万五千円の一〇時間ドラマ観劇料といえよう。

アジアとアフリカを分けたこの運河の下を、今は車で通り抜けるスエズトンネル「マッド・

ハムディ」が一九八〇年に完成している。赤錆びた装甲車の残骸も半分砂に埋もれてころがっているかと思うと、そんな中東戦争の傷も忘れた住民が、左舷の岸から両手を振り、口笛や声をかけてくるのが聞こえる。日本の援助で造られる横断橋はどのあたりに架けられるのであろう。第一次世界大戦のモニュメントも左舷に見えてきた。

水先案内人が六人乗って地中海側のポートサイドまで同行中だが、たいした仕事もないので、プラザデッキに特産品を並べて商売に熱心である。乗船客の主婦連もこのドラマの幕間を日々のお買物に飢えているかのごとく値引き交渉を楽しんでいる。私もつられてラクダのコート三〇〇USドルを日本円一万円也で入手し、主婦連に上手な買い物だと誉められた。

朝の寒さはどこへやら、昼には三九度迄上がった。

この運河の歴史は、紀元前二〇〇〇年頃、古代エジプト王朝のセソスリトス一世が中東の産物をエジプトに運ぶために、ナイル河と紅海を結ぶ運河を掘ったのがその起源とされている。イスラム勢力の台頭とともに、エジプトに利益をもたらすこの運河は利用されることなく、八世紀以降は放置され、砂に埋まってしまう。

二〇〇〇年前の一七九八年から始まったナポレオンのエジプト遠征を機に、ヨーロッパのこのルートへの宿願が再燃。一八五四年、フランス外交官フェルディナンド・レセップスは、エジプトの許可を取って一八五九年工事に着工。一〇年後の一八六九年一一月に開通に成功したのだった。

この運河開通により横浜とリバプール間は、それまでの南アフリカ希望峰経由に比べて二四％もの距離を短縮することができた。開通当初の一八七〇年には一年にわずか一〇隻の通行が、一八七三年には一〇〇〇隻、一八七六年一〇、〇〇〇隻、翌年には二〇、〇〇〇隻と急増して、東西交通の要となったのである。

一八七二年、イギリスはスエズ運河の全株式をフランスから買収するが、その後も、英、仏、エジプトの間で運河の利権紛争が続いた。一八八二年反ヨーロッパ暴動鎮圧を名目にして、英国は運河地帯を占領し、七二年間も居座り続けたのだが、民族主義の革命で登場したナセル政権の強い要請によって、一九五四年この運河はエジプトの主権下に入ったのである。

一九五六年、ナセルはアスワンハイダムの建設のため、この運河の収益金の国有化を宣言した。しかし反発する英、仏、イスラエルとのあいだで、スエズ戦争が勃発。国連の介入でやっとエジプトの国有化が決定した。

スエズ運河の北の玄関ポートサイドに入港、一七時〇〇分。一一時間の大スペクタクルであった。古い港ポートサイドと新しい豪華客船飛鳥がスネイク・ポンツーンで結ばれた。港のシンボルでもある葱坊主のモスクからアラビア語が声明のごとくスピーカーを通じて流れている。

「lā ilāha illāh Allāh」「アッラーの他に神はなし。我は告白する。ムハンマドはアッラーの使徒である……」。「ラー・イラーハ・イッラッラー」、「ラー・イラーハ・イッラッラー」……。

アッラーとならべて他の神を拝んではならない。もともと他に神はなく、すべてのものは滅び去り、在るのはただアッラーの御顔のみ、摂理はその御手にあり、汝らもいずれはみもと召され行く。(コーラン二八章八八節)「Qur'ān」クルアーンとは「読誦するもの」の意であった。

この海に何聴かんとすふところ手

九章

スフィンクス何言わんとす春の風

四月一日（火）　世界一周クルーズ・三〇日目

ポートサイド・カイロ

ドレスコード・カジュアル

泊船を染め春暁の雲厚く
海の風さらりと肌に四月かな

日出五時四〇分。日没一八時一〇分。今日は講師陣も「ピラミッドとカイロ一日観光」の日である。五時〇〇分起床。デッキを散歩しながら朝陽を待って写真をとり、ホットコーヒー、クロワッサン、フルーツで軽い朝食、これが日課となった。今朝もポートサイドの大きなモスクから信仰告白がスピーカーを通して流れている。「ムハンマドはアッラーの使徒である、いざ礼拝に来たれ」。「ラー・イラー・イラー・アッラー、……。」

ここエジプトは日本から一万キロ。とても親日的で、テレビドラマ「おしん」がヒットし、三船敏郎の映画で「さらばじゃ」という言葉をこの街の人は今でも口に出す。「ショコラン」が「ありがとう」で「マッサラーマ」が「さようなら」であることをメモして、七時三〇分にバスはなんとパトカー先導で八台と予備の空車三台をしたがえて、時速百キロ以上でカイロまでつッ走る。

昨日、スエズ運河を一一時間も北上して北の玄関ポートサイドまで航行して来たわけであるが、その左岸を今日はをバスで三時間南下してカイロに入った。「カイロ」とは、勝利とか火星を意味する「カへーラ」を語源としている。そしてエジプトの国土を示すマークは、生物学のオス・メスのメスのマーク「♀」である。上のマルは、ナイルのデルタ地帯であるカイロを表現し、十字のタテ線はナイル河、ヨコ線は運河や水路を表現している。


一九五二年、ナセルのクーデターでこの国の近代化が始まった。「ナセバナル、ナサネバナラヌ、ナニゴトモ。ナセルハ、アラブノダイトウリョウ。」こんなセリフが流行ったのもその頃であった。そして、サダト大統領の西側寄りの政策によって、第四次中東戦争は、イスラエルと和平条約を締結。しかし、その一九八一年一〇月六日の勝利パレードでサダトは暗殺に倒れ、現ムバラク大統領の時代が今も続いている。

今日は、めづらしく雨が落ちてきた。バスガイドが云うには、アスワンハイダムによる異常気象で、遺跡への塩害もニュースになっているようだ。直径六〇〇キロ、北緯二二度から二四度にわたる巨大ダムは、その貯水に八年もかかったそうだから、当然この地方の自然現象にも影響しているのであろう。

バスはカイロ市内の喧噪の真只中に入った。クラクションの音がひっきりなしに耳に入り、人はその混乱の中を信号など無視してすいすいと歩き回る。小さなロバにまたがった大男が、車の脇を通る姿はコッケイそのもの。アチコチにモスクの塔がそびえる人口の密度の高い古い街である。その雑踏がとぎれる頃、車窓にはギザのピラミッドの姿が視界に飛び込んできた。「とうとう私もここまで来たんだナ。」と感動の一瞬である。

四五〇〇年前のクフ王の第一ピラミッド、カフラ王の第二ピラミッド、メンカフラ王のピラミッドの三大ピラミッドとスフィンクスを自分だけのアングルでカメラに収めた。三六枚どりフィルムがドンドンなくなっていった。このピラミッドを観光写真ではない、自分の構図でとらえるのは、とても面白い対象物である。ラクダとの組合わせも面白いのだが、私はピラミッドの穴の中で遊んでいた子供二人を点景として大きな三角形の一部のみを切りとって写した。

それにしても、観光客めあての物売りには閉口してしまう。ラクダの人形やガラスのネックレスのおみやげを「千円、千円。安い、安い。」と四人も五人も近づいてくる。ピラミッドを背景にラクダに乗った人の写真をとると、ポーズをとったあとで多額のお金を要求してくる。観光立国の苦しさとはいえ、この国の古代ロマンと現実の生活のハザマで、今まで夢であったエジプトを、どう捉えたらよいのか解らなくなってしまった。露天のおみやげ屋のすぐ横でモスリムがメッカに向かってひれ伏し、祈りの身体化をくりかえしている。

「故人の跡を求むるなかれ、故人の求めしものを求めよ。」である。

エジプト考古学博物館、モハメッド・アリ・モスク、パピルス専門店を急ぎ足で回って、またパトカー先導のバス八台プラス三台が飛鳥に帰船したのは二〇時〇〇分であった。ポートサイドを夜のモスクの信仰告白に見送られて二一時〇〇分離岸した。いよいよ地中海である。

スフィンクス何言わんとす春の風

帰国後、史上最大のヘールボップ彗星について三鷹の国立天文台（TEL〇四二二・三四・三六〇〇）に聞いてみた。直径四〇キロと巨大なこのヘボ彗星が太陽に今回最接近したのが四月一日、核はチリと氷からできており、太陽に近づくと熱せられ、チリやガスを噴き出す。これが、ほうき星特有の「尾」の正体。四月七日に大量のチリを核から一気に噴き出して「帰りの軌道」に入った。

前回このヘボ彗星が地球に大接近したのは四二〇〇年前（BC二二〇〇）であるから、ギザのこの三大ピラミッドが建設された頃である。クレオパトラは、BC三〇年プトレマイオス朝十三世としてローマ勢力の下で自殺しているので、この彗星は見ていない。

次回、ヘールボップ彗星がこの地球に接近するのは、今から二三七九年後のことである。何とか私もカリブ海の星となって、再びこのヘボ彗星をお迎えしたいものだ。

四月二日（水）　世界一周クルーズ・三一日目

地中海・終日航海

ドレスコード・ギリシャ青白デイ（インフォーマル）

沖を航く船あり眼下は地中海
景として見る春潮は波寄せず
春凪の船べりあらふ水の音
潮すぢもなく紺をのべ春の海

日出六時四七分。日没一九時三九分。
昨日のカイロ・ピラミッドの旅は強行軍だったので、今朝は目覚まし時計をセットせず朝寝坊。地中海に昇る旭日を気にしながらも、体と心を我がご主人さまとしてゆっくり起床すると、時計は六時三〇分。日出は六時四七分のはずであるにもかかわらず窓の外はすでに明るい。テレビ画面で船内時刻を確認すると七時三〇分であった。デッキが明るいのも当然である。昨夜、ポートサイドとピレウスの時差調整で一時間時計を進ませることを忘れていたのである。これで日本との時差は六時間となった。ひとつの腕時計に二つの表示盤のあるANAの時計を出国前に作陶仲間の向井寿昭氏にお借りしたのだが、こんなときにとても便利である。

今朝はスタッフの配慮か、午前九時〇〇分の気功教室は梅澤栄クルーズスタッフによる「モーニング体操」になっている。そこで午後一五時三〇分を最終講座として、この第二回飛鳥世界一周クルーズのアルバムを担当している篠本秀人フォトグラファーを教室に迎えることにした。いよいよ横浜港から一ヶ月間毎日二回の船内気功を共にしてきた仲間との最後の記念写真である。

豪華船・飛鳥船内での「夢気功」も、これで数えて六〇回練功したことになる。一回平均五〇人の参加者としても、延三〇〇〇人に受講していただけたのだから満足して帰国の途に着くことにしたい。

インド文化の哲学ではこの世は「無始無終」。キリスト教文化では「有始有終」である。

フォーシーズンズ・ダイニングの入口を飾る桜の生花が散っている。そうだ、今日の最終講では「桜散」を吟じてお別れすることにしよう。

　桜散る、桜散る、桜散る、憂い有り
　桜散る、桜散る、桜散る、憂い無し

今日の講義の台本がイメージできたので、アット・シー（終日航海）の日のくつろぎは朝風呂が最高である。飛鳥ご自慢のグランド・スパ（一〇デッキ）には中央にこんこんと湯のあふれる大きな丸いジャグジーバス、左舷の海の見える窓際には、湯ぶねと水風呂、右奥にスチームサウナ、左にドライサウナがある。昼と夜に一時間の清掃のための休みがある以外は、朝五時から深夜一時まで、好きなときに温泉気分を楽しめる。

長い船内生活だから、それぞれ自分のテンポとスケジュールで生活パターンが決まってくる。このグランド・スパの第一グループは、朝五時の平均年齢よりも上の方々。朝七時組は一周三八〇メートルのデッキウォーク後の朝食前に浴る平均年齢中心層である。今朝八時には、私がジャグジーに飛び込んだときには、たった三人だった。丸い泡風呂の真中で身体をマッサージしてから、窓際の静かなぬる湯に入る。

畳六枚分ほどの大きな窓ガラスに両手でお湯をひっ掛けると、銭湯の絵ならぬ本物の蒼き地中海がパノラマとなって眼下に広がるのである。

明日は下船するこの飛鳥世界一周の三分の一を湯船の中で静かに振り返る。横浜、大阪、上海、香港、シンガポール、コロンボ、ムンバイ、サラーラ、サファガ、ポートサイド。一〇の港を歴回り、とうとうこの地中海に此の身をいま浮かべている。入れかわり立ちかわり、今までの一〇の港街がイメージの中に現れては消えて行く。

一昨日、船内の美容室で帰り支度のために髪を切ってもらった。男性の美容師がこうつぶやいた。

「この仕事のお陰で、夢であった世界一周もこれで二回目になりました。」

「しかし、経験する前に夢に見ていたアノ街コノ街が現実となった今、何だか人生の目標をなくしたようで正直淋しいような気もするのです。」

私も実はそんな予想もしていたので彼の感受性を誉め、旅は通過体験のみならず、その中に心を通わすことの必要を説教した。故人の跡を求むるなかれ、故人の求めしものを求めよ。

明日は一一番目の港、ギリシャのピレウスで予定通り下船し、帰国する講師の先生方と共にアテネを半日観光して、この飛鳥の旅日記を夢帰港「ピレウスまで」（その一）と名づけよう。

浴槽の窓が湯気でまた曇りはじめた。お湯を両掌でまたぶっ掛ける。どこまでも蒼い地中海の穏やかさの中で多くの句がまとまるのであった。

地中海の藍より生まる春の雲

春の潮めくれもせずに凪ただみ

一船を沖に点じて春の海

早稲田大学の吉村作治教授が、昨日のポートサイドから乗船して「アレキサンダー大王からクレオパトラ女王へ」と題する講演をしてくれた。王家の谷、西谷の発掘調査で先週は早稲田隊に大発見があったため予定を変更して、明日は現地に隊長として戻らなくてはならないそうだ。三回の講演予定が一回になってしまった。

飛鳥は左舷前方に夕陽を背にしたクレタ島を通過して、ギリシャの蒼きエーゲ海にその航路を伸ばしている。ギリシャの旗の青は、青いエーゲ海と空を意味する。青と白の九本の横線、左上には十字が描かれている。

今夕のおすすめの服装（ドレスコード）は「ギリシャ青白デイのインフォーマル」である。

さあ、青のストライプのシャツにネクタイで、一七時三〇分からの南学圭伊子さん主催の夕食会と二一時三〇分からは熊本県八代の御殿医、犬塚隆雄歯科医師の「海彦」ご招待に、最後の晩餐とシャレ込むことにしよう。大きな虹が地中海に半円を描いている。

熊本には「肥後狂句」と呼ばれている川柳のような俳句があると聞いていたので犬塚歯科医ご夫妻に句作していただいた。

さすが飛鳥裸で渡るインド洋

極楽は今日も一日忙しか

極楽もツケが届いて夢も覚め

忘るんな腹も身の内バイキング

休肝日ラマダンよりは楽ばいた

ふたつのパーティを楽しんで七二八号キャビンに戻ると、時間はもう四月三日（木）の〇時三〇分。アラームを〇六時三〇分にセットして飛鳥最後の夜となった。サムソナイト三本にすべての荷物を詰め込んで消灯。

ギリシャ・ピレウス下船

四月三日（水）　世界一周クルーズ・三二日目
ドレスコード・カジュアル

エーゲ海光凪して春深む

春深し汽笛は海を平にす

接岸のショック二度来て雲ゆれる

日出七時一二分。日没一九時五四分。

入港八時〇〇分。出港二二時〇〇分。

念のためにセットしておいたアラーム電話と目覚まし時計のふたつが、同時にリンリンジリジリと鳴って六時三〇分。何だか今までとちがって今朝はとても眠い。アラームの音までがいつもとは違って聞こえる下船の日の朝である。

アスカデイリーの第一面に出ている日没一九時五四分、出港二二時〇〇分の数字も、今日の私には無関係に並んでいるだけだ。

バッグ三本と椅子二脚がキャビン一杯に横たわっている中を、カメラを首につるしていつものように早朝のデッキに飛び出すと、エーゲ海クルーズの基地ピレウス入港を沖から見んものと、未明のデッキに早くも多くの人達が出ている。

さすがヨーロッパ最大の海の基地だけあって何十隻もの客船がまだ明けやらぬピレウスの港に停泊している。

クイーンエリザベス二世号（ＱＥ２）が先にピレウス港に入るのを待って、その横に飛鳥が並んだ。思えば三月三日（月）我々が横浜を出港する前日、ＱＥ２と飛鳥のツーショット以来一ヶ月、私の離船を祝うがごとく、このピレウスで巨大客船は仲良く同じ埠頭にその大きな船体を並べた。

愛するがゆえの悪口であろう。船長は「のろまのＱＥ２」とアナウンスし、乗客は「オールド・クイーン」とその年齢を冷やかした。

右舷に見えるスニオン岬の上から朝陽がキラリと頭を見せた。そして飛鳥と太陽の間を海上の長い光の道が、赤く太い帯となって二つを結んだ。デッキでカメラが一勢にシャッターを切る。エーゲ海への憧れであろうか、ヨーロッパの玄関に着いた興奮であろうか、乗船客の眼が今までとは少し違って輝いている。

小高い山に白い箱を積み上げたような家々にまず朝の光がさし、それから何千本もの針が天をつくようなヨットの帆柱がはっきりと見えてきた。やはりスエズは西と東の関所だったのだ。白い人と黄色い人の住む国境だったのだ。「地中海に入るまでは、何だか土と砂の中を通り抜けてきたような気がする。」と保谷市の熊切フミ子さんがエーゲ海の蒼い海を見つめながらつぶやいた。「先生は今日お帰りの日ですね。ぜひ、世界一周ご一緒していただきたかった。本当にありがとう。」と多くの人に挨拶される。目頭が熱くなって返す言葉につまる。

人と人結ぶ春風舫い綱
春潮に舫いの綱をめらしおり

ここ、ピレウスで離船する講師陣は、九時からのアテネ半日観光（午前）を楽しんでから共に空港に向かうことにした。アジア・アフリカ図書館の矢島文夫館長、日本将棋連盟の原田泰夫九段ご夫妻、日本書道学院の大井川霞南理事ご夫妻、観世流の磯金勇太郎師範、ピアニストの中村知世子さん、帰山気功太極道の長岡帰山夫妻、それに娘さんが急病で一時帰国する乗船客の計一〇名である。

フィロパポスの丘からアクロポリスを正面遠景に見てから、アクロポリス（高い丘の上の街）に足で登った。ここはアテネのみならずギリシャのシンボルとも言える聖なる丘である。

パルテノン神殿をはじめとする数多くの神殿が、二五〇〇年の歳月を越え、青い空と強烈な日差しの下で、輝くばかりの白亜の姿を見せている。パルテノン神殿はＢＣ五世紀にペルシャ戦争の勝利を記念して造られたもの。古典時代を代表する建築物として世界的に貴重な文化遺産である。ソクラテスやプラトンがストア派の哲学者として活躍した建物もこの丘の上からは眼下に見ることができる。

ギリシャの小学生や中学生が先生に導引されて見学にきている。ガリメラ（お早よう）、ガリスペラ（今日は！）、エフファーリスト（ありがとう）と声をかけるとオウム返しに明るく同じ言葉を応えてくれた。デモクラシーの故郷アクロポリス、第一回近代オリンピックの故郷をあわただしく見学して、お土産屋さんにはゆっくり時間をとるのは、この国でもやはり同じであった。

一三時〇〇分に飛鳥に戻った講師陣はバッグと共に専用車でアテネ空港に向かった。車窓から三〇日間を暮らした豪華船飛鳥が背中の方に遠くなっていく。

感慨深くエーゲ海の蒼と空の青さを見つめながら、次の機会にはこのピレウスから世界一周のパート（Ⅱ）を始めたいと思う。

エフファーリストＡＳＵＫＡ。エフファーリストＡＴＨＥＮＥ。

アテネ発一五時二〇分。オランダ航空一〇二便にてアムステルダム一八時〇〇分着。時差一時間、三時間半でアムスである。ヨーロッパは狭い。ギリシャ、アルバニア、ボスニアヘルスゴビナ、クロバチア、スロベニア、オーストリア、ドイツそしてオランダ。アテネからアムスまでのたった三時間半の間に八ヶ国の上空を飛んだ。日本の九州から北海道までとほとんど同じ距離に八ヶ国も並んでいるのだ。

この一ヶ月、毎晩毎晩、飛鳥の七二八号キャビンの机で書いてきたこの日記を、いまはアムスで乗り換えたＪＡＬ四一二便の折タタミの小さなテーブルで書いている。毎晩、飛鳥のプロムナード・デッキから眺めた夕陽を、いま飛行機の小さな丸窓から眺めている。一二時間で、明日の四月四日(金)、一四時〇〇分にはもう桜咲く成田着である。

今朝まで三〇日間の洋上生活を共にしてきた、あの四五〇人の友人たちはどうしているだろう。オマーンのサラーラで入院のため下船したご夫妻は、日本に帰ったと噂を聞いた。香港で奥さまが下血し胃カイヨウのため入院したご主人が、お一人で旅を続け気功教室に参加されていたが、どこまで船旅を続けられるであろうか。

パートナーを亡くした男女同志が船の中で知り合い、毎日仲良く行動を共にして再婚を噂されていたが、あのカップルはその後も上手く進行しているだろうか。

九二歳の棚橋オバアチャン先生お元気で。四月一〇日に船内で九三歳の誕生日をお迎えになるんですね。きっと太極山純心寺がお守りしてくれます。おめでとう。

飛鳥は四五〇人の善男善女の生活を乗せて、あと二ヶ月、西へ西へとその航跡を伸ばす。JALで東に帰る機内から飛鳥の友にありがとう。沢山の思い出をアリガトウ。一路平安、ボンボヤージ。さて、バレンタインのオン・ザ・ロックを眠り薬に機内泊。それではお休みなさい。今夜は、皆さんと一諸に飛鳥で横浜港に帰る夢を見ることでしょう……。

航海を終ふたくましく陽焼して

船路いま数えて人の舫い綱

ASUKA
TOKYO

十章

「長岡帰山氏に出会う」

若林　真

四月二七日（日）　世界一周クルーズ・五六日目

特別寄稿

寄港地・アゾレスからニューヨークに向かう大西洋上にて

私は今、日本が誇る豪華客船飛鳥号に乗り、トルコのイスタンブールからイタリアのヴェネチアに向っている。

私が九六日間というこんな長旅に出かけたのは、簡単な理由からであった。近年大患に苦しんだ私は、体力にすっかり自信を失い、それが気力の弱まりにも通じていた。起死回生の策はどこかにないか。是が非でも立ち直らなければならぬと思いあぐねていた矢先に、世界一周クルーズへの参加を思いついたのである。

この船旅の目的は、自己蘇生のきっかけをつかむことであったといっていい。それに今から三四年前に、私はフランスの貨客船ラオス号に乗り、フランス留学の途についたことがあるが、その船路こそ、今回の飛鳥号のそれの、ほぼ前半部分と重なっていた。その航路を辿れば、私は三四歳の自分に立ち返る可能性だってあろう、私はそんな虫のいいことさえ夢見ていたのだった。

一九六三年二月二四日の夕刻、私の乗ったラオス号は横浜を出港した。みぞれの降る寒い日だった。港外に出たとたんに、船は大きく揺れ始めた。夜の闇に包まれてから、揺れはますます大きくなり、初回の夕食に姿をあらわした者はごくわずかだった。

さいわい、南下するにつれて海も収まり、最初の寄港地香港は、日本の五月のうららかさであった。その後、船はただひたすら南下し、初夏から暑熱へ、暑熱から酷暑へと移行して行ったのである。

今回もほぼ同じ変化を辿り、ボンベイの先は早くも紅海へとまっしぐらな航海であった。とはいえ、今や三四年前の若い私はどこにも存在せず、現在アジアの海を移動しているのは、すでに大学を定年退職し、大病も体験し、体力気力ともに衰えを痛感している私であった。つまり、私は船旅の諸体験に蘇生と若返りのすべてを賭けていたのである。

そのようなときに、私は飛鳥船上で長岡帰山氏に出会ったのである。さりとて私は気功術なるものを事前に深く認識していたわけではない。長岡氏のレッスンの教室に最初に入門したのは、九州南端の開聞岳を右に見て、いよいよ日本に別れを告げようとする三月五日のことであった。

気功術とは医療を目的の一つに含んだ体育の一種なのだろう、そのくらいの認識しかなかった私は、まことに浅薄で無知だったのである。柔道着のようなものを着衣して、黒帯を締めた、長身細身の長岡氏の風貌は、体育家、医療家というよりも、どことなく哲学者か宗教家のそれであった。

気功八段錦の身体運動のレッスンの前に、長岡氏は自らの雅号、「帰山」の由来を述べた。それは小さな「我」、「我欲」を捨て去って、本来の「私」に帰り、大宇宙と一体になることを意味していた。その意味合いを教授しようとする氏は、体育家にとどまるものではなく、一個の哲学者であり、講話で文芸作品を引用する氏は、時には文学者でさえあった。長岡氏は様々な俳句や東西の詩を引用したが、三月五日は、

春の航／一大圓の／紺の中（本歌・中村草田男）

であった。

そのとき、飛鳥号は、早春の東シナ海を悠々と南に下っていた。われわれの足は動かない土に接しているのではなく、船の体育室の床板の上なのだけれど、船は運航中といえ常時大海原の真只中にあった。大海原は見渡すかぎり濃紺の大きな圓だ。たちまち私は、自己の心身が、巨大な、変動変化たえ間ない圓の中に吸いこまれ、溶融して、私の「小我」は果てしなく広く深い空無の中に溶けこんでゆくかのような爽快さを味わった。溶けてやわらかくなったのは

「心」だけではなく、「心」の軟化は身体の軟化に直結していた。こわばった私の身体はやわらかくほぐれていった。八段錦の手足の運動が実際に始まる前に、長岡氏の実践する心身運動は、早くも効果を上げていたといっていい。

ある日の長岡氏の引用は驚くほどにモダンでありハイカラであった。引用詩はフランスの詩人ジャン・コクトーの名作であり、堀口大学の名訳であった。

私の耳は貝の殻／海の響きをなつかしむ。

この詩句を白板に見たとたんに、私は日がな一日、海に飛び込んで過ごした少年時代を思い出した。頭から思いっ切りよく飛び込むや、全身を海の冷気と水圧がつつみ、水に圧された両耳には、ふしぎな海の調べが聞こえて来た。少年の私は海のふところに抱かれて幸福感に浸ったのである。

こうして私は、アジヤの港々を南西に転々とするにつれて、長岡氏の説く「無始無終」の東洋思想のなかに導かれていった。気功八段錦の根底にあるのは、老子の道教のようである。氏の著書から引用すれば「宇宙を支配する最高原理〈道〉は人間の感覚を超えた実在。だから人は自我を捨て、自然の道に従え」と説いていた。

しかし、アジヤの思想は道教ばかりではない。儒教もあれば仏教もあればヒンズー教もある。長岡氏の目指す思想を、それらのどれか一つに限定してはいけない。ある日の氏は、宮本武蔵の書を高々とかかげた。「大海無道／只一剣進」という色紙である。その朝の氏は拳の道只一途の武芸者にほかならなかった。また、「延命十句観音経」を唱える氏は、ねんごろな仏法僧だったのである。

また、自作の詩の披露に及んだ。

おおらかに　ゆるやかに
音なくうねる春の海
いつもこんな心でいたい
やわらかく　あたたかく
ひかり流れる春の海
いつもこんな心でいたい
おおいなる平和の姿
豊かなる恵みの想い

なんと貴き沈黙

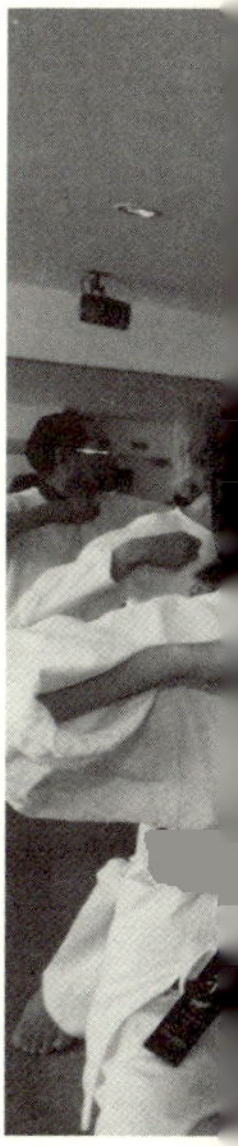

これはまぎれもない童歌である。まさしく童子のそれのように素朴な歌ではないか。
それらのどれが、長岡氏の目指す心境なのかと問う必要はない。それらのいずれもが「無始無終」の想念の中にある。われわれはそれを信じればいい。ただし、このような信念がはたしてアデンの先の先まで持続するものかどうか、それが問題だと、私は考えていた。

アデンは紅海入口の港であり、東と西の文化、哲学、宗教の大きな分岐点であり、東から西への移行もあれば、西から東への移行もあり、様々である。かつて西洋に留学した日本の知識人の多くが、ここを大分節点と考えていた。戦後には「アデンまで」という処女作小説を書いた遠藤周作氏がいる。

緑のうるおいもない岩山がただ海に向かって切り立っているばかりのこの荒涼たる土地を境にして、長岡氏の考える「無始無終」の東洋の世界は終り、「有始有終」の一神論の世界が始まるのである。ここから先にはもう仏教やヒンズー教、道教や儒教が支配的な汎神的世界はない。

まずアッラー一神にすべてを帰依するイスラムの世界が始まり、少しずつ色彩を混交しながら、エジプトを通り、やがてギリシヤの世界に入る。ギリシヤはまだ一神教の世界ではないが、近代ヨーロッパの発祥の地ではある。ここから急速にキリスト教世界も発展してゆくだろう。

残念ながら長岡氏はこのギリシヤのピレウスの港で、飛鳥の旅を終えざるをえなかったのは、さぞかし心残りであったろう。しかし、その先、イスタンブール、ベニス、ローマ、マルセイユ、バルセロナ、リスボン、とヨーロッパの西の果てまで旅を進め、その間に、数多くのイスラム教文化、キリスト教文化の最高峰を眺め回して来た私には、気安く両文化の優劣などを取り沙汰する気にはなれない。近代思想だけに限っても、「我考える故に我あり」と説いたデカルトを始祖とするヨーロッパと、「無始無終」のカオスの中に「我」を失うところにこそ窮極の救いがある東洋がどのようにこれからかかわり合ってゆくのか、よしんば長岡帰山氏がピレウス港からも飛鳥号に乗りつづけ、今私といっしょにアゾレス諸島を経過して、ニューヨークに向う浪高い大西洋上にいるとしても、容易に答えは出せないだろうと思う。

（慶應義塾大学名誉教授　故・若林　真）

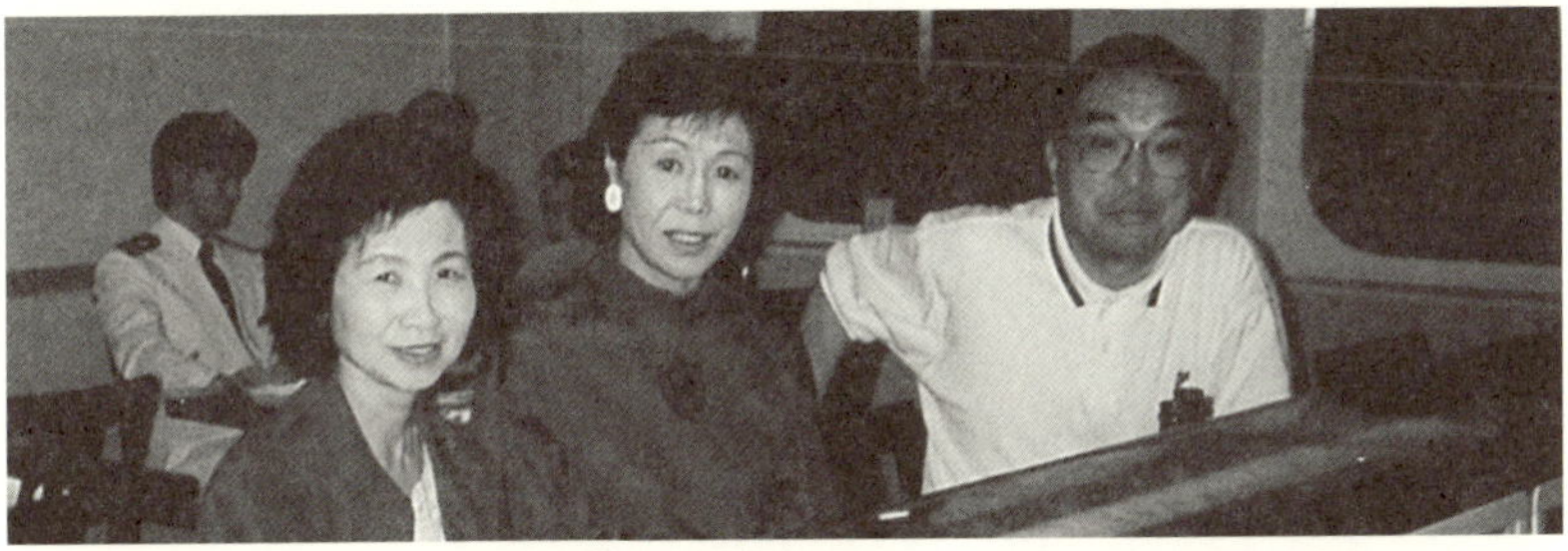

大井川霞南、千恵子夫妻

有吉昭、經子夫妻

●洋上の友からの投句

大南風に揺られキャビンにこもりおり
大夕焼け背にして鯨集まりぬ
霹靂神（はたたがみ）摩天楼街かけぬける
日本の梅雨に向かいて出港す
今暫し波風たつな梅雨なれど　神戸市　青木　耕平

短夜や病も癒えて祝い酒
短夜や誰言うとなく旅疲れ
人恋し洋上に見るおぼろ月　神戸市　青木　千鶴

船長からカーネーションや母の日に　名古屋市　藤本　淑子

朝茜を突いて旭日印度洋
美しや星の尾冴えるエーゲ海　愛知県　有吉　昭

跣足にてカリブの海につかりけり
オペラ座の由来を聞きぬ青時雨
五番街春の時雨に濡れいたる
サラーラに信号三つカンナ咲く
祖国向き観音経や彼岸入

葛飾区　岸本　孝子

長航海慰められし海豚かな

保谷市　熊切フミ子

旅の恥かきすて作る肥後狂句
大海に白き鶴舞う太極拳
船着いたイザ出陣だバザールへ
極楽も声をひそめる浮世かな

熊本 八代市　犬塚　隆雄

バナナとは食べる作法の難しく
師は逝きぬ梅雨燈籠に音もなし

日本将棋連盟九段　原田泰夫

終章

人の帰るべき港

八月八日（金）　自分探しの人生航路・五九年目

白鶴帰山

寄港地・人の帰るべき港・帰山偈

天という文字は一と大とでつくられている。ひとつの大きな仕事、一大事。故人はそれを天命と呼んだのではないかと思いながらピレウスまでの船旅の日記をいま纏めている。

私の今回の飛鳥の旅は、デモクラシー誕生の地アテネのピレウスまでを「そのI」としてある。いづれはその航跡を横浜港まで結んで世界一周の夢を達成したいと願っている。

三月三日に横浜を出航して、四月四日に私は帰国したのであるが、このひと月の体験は予想以上に大きかった。それは天命であったと呼ぶにふさわしいと私はいま考えている。

六月六日に飛鳥はこの第二回世界一周クルーズを神戸港にて完遂した。そして、八月八日が私の五九歳の誕生日である。来年は還暦を迎えることになる。

長岡帰山のこの旅日記を本卦還りの記念出版としてみなさんに読んでいただきたいと考えた。

しかしこの決心は、浪高き大西洋上から若林真先生の玉稿をいただかねば実現できなかったものである。

この船旅で私は、文明を運んだのはいつも海であったことをつくづく気づかされた。興味深い事実がある。それは、古代の諸文明がアジアの大河川流域を中心として大陸部に形成されたのに対して、近代文明は非アジア圏の海洋世界に生まれたということである。世界史の舞台が、アジアから非アジアへ、大陸から海洋へと変わったのであった。

二〇世紀は、西欧文明によって生みだされたデモクラシーが次第にアジアの諸地域に浸透し、受容されていった時代である。

そして、そのデモクラシーの理念の背後にはキリスト教的一神教の伝統が横たわっていた。このデモクラシーなるものが、なぜ一神教の精神風土の中から形成されてきたのか、私はこれまで不思議なことと思っていた。

なぜなら、多様な意見や主張のあることを認めるデモクラシーは、一神教よりもむしろ多神教の精神風土にこそふさわしい政治形態であると思っていたからである。

誤解を恐れずにあえて言えば、一神教という言葉で私がイメージするのは、ファシズムとか帝国主義とか君主制という政治形態である。

場合によっては、それに資本主義や社会主義もつけ加えることができるかもしれない。

それらに共通することは、一人の号令者がいて、きびしい掟が定められ、一種の禁圧的な合理主義というものが幅をきかせているという光景が想いうかぶからである。


一神教的な思考においては、真理という言葉が大文字で書かれて、それを証明するための単一の論理、単一の象徴体系がはりめぐらされる。だからそこには、善か悪か、光か闇か、真か偽か、現実か幻影か、という二元対立の構図が明確に区分される。


これに対して、多神教思考というものはどうであろうか。そこには、どこにもその中心がない。唯一の号令者といったものが存在しないのである。

すべてのものを中心の周縁に配置するといったコスモスの感覚が、そもそもないのである。言い換えれば、中心がどこにでもあるという状態を暗示している。これは太極拳の世界でもある。

中心がどこにでもあって、しかも円周がどこにもないような圓であるといってもよい。

真実なるものがどこにでもあって、しかもそれらの真実の確かさを判定する基準がどこにもないような、あいまいな複合世界である。

ただ困ったことには、このような多神教的思考はしばしばアナーキズム（無政府主義）とほとんど同血の兄弟関係をとり結ぶことがある。

新しい偶像を次から次へとつくりだして、すでにでき上がっている秩序を撹乱し、意味ありげな儀礼や記号を創出して混乱に陥れる。そして何よりも困ることには、その神々がやがて互いに争うようになり、自己の正義の名において宗教戦争が幕を切って落とされることである。

デモクラシーもまた、はじめはそのようなアナーキズムの湿原地帯に呱々の産声をあげたのではなかろうか。そのうち野蛮な首長や強力な戦士が現れて無邪気なデモクラシーの果実を横取りして、権謀術数の将軍や利口な坊主たちが登場してきてその輝かしい夢想を吸いあげた。封建制や帝国主義、ファシズムや君主制が成立することになるのである。

そのように考えてみるとき、デモクラシーの歴史は、はじめは多神教の土壌の中から育ちながら、やがて一神教の精神によって掠奪されていった歴史であるように観えてくるのである。

多神教的デモクラシーは、人類の発生とともに存在した。あるいは多神教の誕生とともに存在したと言ってもよい。いつの時代、どの地域でも、さまざまな衣裳を身にまとい、おのれを主張していたはずである。

しかしながら、そういう多神教の群雄割拠の時代を経て、われわれは遂に一神教的デモクラシーの登場を迎えることになったのである。
それだけではない。その権威の前に脱帽し、ひれ伏してきた。いわゆる近代の開幕である。

一神教的デモクラシーが勝利した舞台は、西欧世界であった。ヨーロッパは一神教的デモクラシーに益々みがきをかけ、その威力を権威化させた。こうして、やがてヨーロッパ以外の地域へとあふれ出し、広がっていく。その魅力あふれる思想は、水が高きから低きに流れるが如くアジアにも浸透していった。一神教的デモクラシーの世界化または普遍化現象が始まったのである。

この洗練された文明を西から東に運んだ海路こそ、今回の私の船旅の逆航路であることに気づかされたのである。

だが、この怪物のような一神教的デモクラシーの世界化は、やがていたるところで厳しい挑戦を受けることになった。西欧産の一神教的デモクラシーに対して激しく挑戦したのが、アジアの諸民族であったのは皮肉なことでもあり、当然なことでもあった。
それというのも、アジアにはなによりも一神教的デモクラシーとは異質の精神風土が強固に根づいていたからである。
そのアジアから発せられた挑戦の中でもっとも顕著なものが、インドのガンジーによる非暴力の革命、中国の毛沢東による文化大革命、そしてイランのホメイニ師による聖戦革命の三つを思いおこすのである。

まず、ガンジーの挑戦について考えてみよう。彼の非暴力革命の方法は、インドの宗教伝統に見られるアヒンサ（不殺生）という原理にもとづくものであった。このアヒンサを中心教義としたのは仏教やジャイナ教であったが、ガンジー自身は敬虔なるヒンズー教徒であった。

彼はその伝統的なアヒンサの原理を非暴力という思想武器に仕立て上げて、圧倒的な暴力装置を誇るイギリス帝国主義と戦った。彼の非暴力は、イギリスの一神教的デモクラシーにひそむ抑圧的なイデオロギーに挑戦するための抵抗の戦略だったのである。

この方法は第二次世界大戦後の、アジア、アフリカ、ラテンアメリカの民族運動にも大きな影響を与えたのである。

次に、毛沢東の文化大革命は、西欧産のマルクス主義に一種の東洋的ピューリタニズムを注入して、これを改造する試みであった。それは産業資本的ピューリタニズムに対するアンチテーゼであるとともに、一神教デモクラシーに対する多神教精神の応答でもあった。社会主義と道教の結合がみられるからである。

またここで、一九八九年五月から六月にかけての天安門広場における流血の悲劇が想いおこされる。六月四日、民主化を要求する学生たちや人民に対して戒厳軍は発砲し、多数の死傷者を出したのであった。毛沢東の軍隊は人民に向けて発砲することがなかったという過去の記憶が呼びさまされ、それがガンジーの抵抗の戦略を意識の上に浮上させたのである。この事件の挑戦の相手は、むろん一神教的デモクラシーではなかった。しかし、学生の民主化運動が国内の抑圧的権力に立向かおうとしたとき、毛沢東思想にガンジーの非暴力を結びつけようとした事実は、やはり多神教的デモクラシーの一つの応答の型を示すものであったと言えないだろうか。

第三のホメイニによる聖戦（ジハード）革命は、何よりもイスラム原理主義に基づく過激な体制変革の試みという側面をもっていた。一九七九年二月、ホメイニに指導された革命勢力は、半世紀にわたって支配し続けたパーラビー朝を打倒した。一神教的デモクラシーに支援された王制を、イスラム原理主義に基づく共和制理念によって包囲し、崩壊に追い込んだのである。

もっとも、イスラム教自体はキリスト教と同じように一神教的伝統のうえに形成された予言者宗教である。しかしながらホメイニ革命の進展する中で観られたように、そこに色濃く浸出している土着の原理主義的傾向は、本来一神教的デモクラシーとは相容れない性格のものであったことに注目せねばなるまい。イスラムを冒涜したとされるサルマン・ラシュディの「悪魔の詩」がイギリスで話題になり始めたのが一九八八年の暮れであった。それがほぼ三ヶ月後の一九八九年二月一四日になって、ホメイニによるラシュディの処刑命令へとエスカレートしたのだった。

西欧産の一神教的デモクラシーに対する、アジア産の原理主義による挑戦という側面があったことを見逃すことはできないのである。

その強力な指導者であったホメイニも、同年六月三日、すなわち北京の天安門広場における流血事件の前日に胃癌で死去したのだった。

第二次世界大戦後、地球上で国連が介入した紛争はおよそ二〇数地域を数える。紛争の原因はむろん政治、経済、軍事にかかわり、民族問題にまで及んでいるが、その中で宗教的要因が重要な役割をはたしていることはいうまでもない。

そのすべてとまでは言わないが、少くともその多くが、近代西欧の一神教的デモクラシーに対する異議申し立てを行ったことの中に、紛争の火種がまかれていたと私は思う。

この飛鳥の船旅で、一九三八年からこの二〇世紀を生きてきた私の六〇年の時代背景をふりかえることができた。

日記を三〇日書けば月記になり、月記を一二ヶ月書けば年記となる。そして、その年記の積み重ねの中に世紀の流れが観えてくるのである。私の今回の旅とは逆に、西から東に世界化している西欧産の一神教的デモクラシーに対するアジアの挑戦が観えてきたのである。その挑戦の戦略には、仏教、道教、イスラム教などそれぞれの民族による固有の宗教が思想的支柱になっていたことを忘れるまい。

日本人は、原始神道的生命信仰を持つ民族である。自然を尊ぶ日本的精神風土の上に、外来文明を自分の背丈に合わせて受容れて独特な日本教を生み出し、その経済発展の実績と共に七大文明のひとつとして数えられるようにまでなった。

仏教から「無」と「空」を学び、儒教からは「自己修養」を吸収して身体化した。自由、平等、友愛は仏教にもあった思想であるが、ヨーロッパ近代キリスト教からは「個人主義」を受容れたのである。

この日本の特質が、世界の文明の衝突する二一世紀において、どんなお役にたてるかがその真価を問われることになる。これこそ世界における日本人の大きな仕事、天命ではなかろうか。

河から海へ、海から陸へ、陸から空へと文明の移動空間は拡大発展をつづけている。

人間は移動しながら、人間の歴史を作り上げてきた。水のあるところに住み着き、伝統としてその地に固有文明を形成してきた。

エジプト文明、メソポタミア文明、インダス文明、中国文明、地中海文明、イスラム文明、西欧文明。どれも、地域の名前が冠されている「属地的価値観」を持った文明である。

西暦二〇〇〇年には、この地球上で国境を越えて移動する人間が十億人以上になると言われている。新遊牧民時代の到来である。そのうえ、移動しなくともほとんど同じ効果が期待されているインターネットの時代に突入しているのである。

人は、バーチャルリアリティ空間で移動することになる。

生れ育ったところで共有していた価値観は、移動したり、ネットワークをとおして別の価値観に影響され、それぞれの個人が独自の価値観を持つことになる。ある地域だけの価値観は、相対的に少なくなり、その人の選択による「属人的価値観」への移行の時代なのである。

そのとき、属地的世界の最たる存在である国民国家というものは、どう変質していくのであろうか。

ホモ・モビリタスとしての人間は、地面にはりつく属地的世界からどの程度まで離陸しうるものなのであろうか。移動する個人によって広げられていく属人的世界は、どのような新しい文明を創り出していくのだろうか。

人生八〇年時代とはいえ、還暦を迎える私にはそんな時代の主役を生きる資格はない。

しかし、東洋人として本来の自己を求めて生きた、我が六〇年の結語として心の旅人の偈頌を遺させていただきたい。これが人の人として「帰るべき港」である。

願わくば、我が道場や飛鳥にて共に帰山気功太極道の自己修養に励まれんことを祈る。合掌。

帰山偈

カラダハ気ノ家　ココロガ家ノ主
煩悩ハ家ノ犬　打テドモ去ラズ
菩提ハ白キ鶴　繋ゲドモ留マラズ
調身・調息・調心計リ　道心ヲ起コスベシ
心ノ師ト成レドモ　心ヲ師トスルコト莫レ

帰山気功太極拳・指導本部
〒一六四―〇〇三一
東京都杉並区天沼二―一―四
TEL・FAX　〇三―三三九八―四四八一

気功船友会【ホームページ】　www.kikoh-taiji.com

あとがき

「体　験」

からだで観たことをいう
からだで観たことを書く
からだで観たことを行う

目で見て観えるか
耳できいて聞えるか
体で読んだものが本当だ

からだで祈ったものは実現する
からだで語ることは誰にも聞える
からだで悟った真理だけが
わたしのものである

ＫＬＭ機内
帰国の日に

長岡俊彦実弟の還暦を船内で祝う

南学圭伊子船友主催「帰山先生を囲む感謝会」

「涛を聴く」

北原栄達、三津子船友

能切フミ子船友

原田泰夫九段夫妻

二〇〇一年五月一四日（月）〜六月八日（金）

「聴 涛」祝・飛鳥就航十周年・日本一周クルーズ

飛鳥第二回の世界一周クルーズから、横浜新港ふ頭に凱旋帰国された若林真先生（一二七頁下段左）は、私への大きな宿題を遺されたまま、その三年後の二〇〇〇年三月十四日に永眠された。

「ペテロ若林真」とその名を変えて、美しい海の見える三浦半島の墓地に埋葬された。行年七十歳。浦賀沖の船上から胸に十字を切った。

鳥島南方洋上の孀婦岩が墓石のように見える。願わくば、私の場合には遺骨の三分の一をこの海に散骨してもらいたいものだ。

私は今、飛鳥就航十周年記念の日本一周グランドグルーズの乗船客として小笠原父島から右折して南大東島を左舷に見ながら、日本最西端の与那国島に向かう船内にいる。空と海のあいだを航く船からは、自然現象が良く観える。

晴れていた空に、雲が急にひろがり、雨になる。そして風が吹き、また空が晴れる。台風一号が熱低となって西から東へと移動していった。有人最南端の波照間島は、明朝七時の予定である。

この海の上から、第二回世界クルーズのインド洋上で講義した仏教哲学をペテロ若林先生の墓前に献げることにしよう。東西の比較思想に大変感心の深かったキリスト者、故・若林真先生もきっと喜んで下さると信じたい。

諸行無常、是生滅法、生滅滅巳、寂滅為楽。

飛鳥十階のビスタ・ラウンジでは、今ピアノ・タイム。「サンライズ・サンセット」の曲が流れている。石垣島には、明朝八時に入港する。

今まで、現象の中に翻弄されつづけて生きてきた自分であった。この飛鳥に乗船して、一大圓の紺の海を見るたびに反省させられる自分である。現象としての生は喜びである。神仏の恵みと感謝した。だが、死は永遠の分離であり、哀しみであると受けとめてきた自分なのであった。

しかし、生と死という矛盾した「はたらき」を巧みに使いながら、ひたむきに進化し向上し進展してゆこうとする「いのち」の原理が実在することを、この美しい海と船友の死によって教えられた。

船友の南学圭伊子さんも、ご主人の南学正夫氏（一二七頁下段右）を亡くされた。世界クルーズ下船後も帰山気功太極拳を練功され、今は指導員として地域社会に貢献されている。ご供養の四国巡礼遍路行を三回に分けて踏破されたあと、飛鳥の思い出のカリブ海に散骨されるとのことである。

「無くしたものを嘆くより、出合ったことに感謝したい」爽やかに「帰山先生、そうですよネ」と言いながら彼女は、ミノルフォンから今年歌手デビューされた。その曲名は「別れ駅」と「感謝」。この船は多くの船友の思い出を乗せて十年の航跡を大海原に引いた。

飛鳥は島屏風のような景の慶良間海峡を北上して、地球の原風景である屋久島に向かっている。明日は紀元杉に逢える。

一人の生死を演出しながら進展してやまない大生命のはたらきを、デッキからこの洋上に把握し得たいま、私達は迷いから覚め、とらわれから離れて、心はやすらぎの中に戻ることができる。海はやはり癒しの母であったのだ。

十階のグランド・スパを出ると、東山魁夷画伯の「涛声」が壁に飾られている。画伯は、この作品で、そんな大自然の命を伝えたかったのであろう。素直にその涛声に耳を傾けている、大きな空と海のあいだである。おめでとう、私達の飛鳥就航十年。

飛鳥は海のシルクロード黒潮に乗った。鑑真渡来の海路である。空海や最澄の入唐の海である。今夜は世界クルーズの同窓と夕食会。かくれキリシタンの福江島も近くなった。

浜の小石盛りて小さき墓ふたつ十字架朽ちて文字読み難し

嘗ては、多くの寺院の浄財は、書物の出版という形をとって廻向され、世の人々の心を潤したものだと法兄たちから聞かされていた。

本書は、私の還暦記念として企画した旅日記であったが、飛鳥就航十周年を記念して、気功太極拳の同学の基金や茶人の五井史子さんのカンパと明窓出版株式会社の麻生真澄編集長のご協力を得て改訂再版され、全国の書店や図書館の書棚に飾られることとなった。誠に感謝に絶えない。

この書をご縁として帰山気功太極拳の船友会が東京・杉並の荻窪体育館に結成されています。気功や船旅や俳句に興味を持つ同学は明窓出版にご連絡いただければ幸甚です。飛鳥二〇〇四年、第九回ワールドクルーズで、南極と南米にご一緒したいものです。

春潮を巨船押し航く水広し

航跡が湾を二分す夕薄暑

接岸の飛鳥水吐く島五月

熱き岩耳に押しつけ涛を聴く

二〇〇一年五月二八日　四二三号キャビンにて

長岡帰山　合掌

豪華客船「飛鳥」に関する、問い合わせなどは下記まで。

主催：郵船クルーズ（株）
東京　Tel　03（3284）6001
　　　東京都千代田区丸の内２丁目３－２　郵船ビル
大阪　Tel　06（6538）6250
　　　大阪市西区阿波座１丁目６－13　カーニープレイス本町６階

☆ クルーズの旅　ミニ知識 ☆

服装　日中は普通の旅行同様なカジュアルなもので。夕食から就寝までの時間は、その夜にふさわしい服装指定（ドレスコード）があります。

カジュアル　男性・襟付きのシャツ、スラックス等。
　　　　　　女性・ブラウス、スカート等。

インフォーマル　男性・スーツ、ジャケットなどにネクタイ。
　　　　　　　　女性・ワンピースやブラウス、スカート等。

フォーマル　男性・ダークスーツ、タキシード等。
　　　　　　女性・ドレッシーなスーツ、カクテルドレス、イブニングドレス、和服等。
（和服はフォーマルウエアです）

食事　「飛鳥」では、朝食と昼食は、ダイニングルームでの和食、カフェでの洋食ビュッフェのメニューから好みの方を選べます。
夕食は、フランス料理を中心としたコースメニューですが、バラエティに富んだメニューがあります。ベジタリアンや、低カロリーのメニューもありますし、江戸前のお寿司屋さんもあります。

客室の一例（デラックス・ルーム）

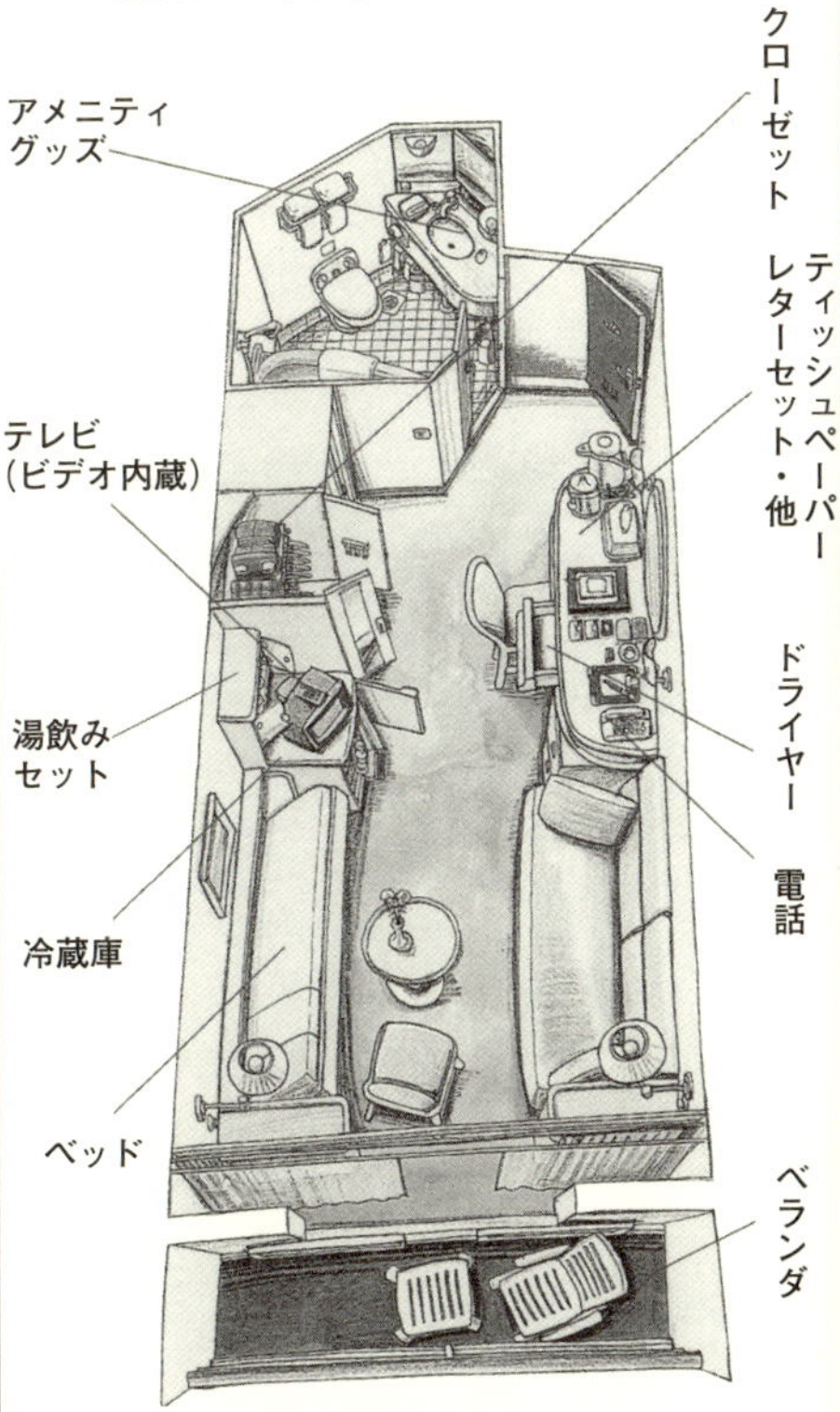

〈著者略歴〉　**長岡帰山**（ながおか・きざん）
1938年、東京都に生まれる。本名、長岡隆司。
中央大学卒業。東京大学医学部心療内科石川中教授に師事して、サイバネーション療法を臨床研修。ヨーガ・瞑想・禅・気功・太極拳・アーユルヴェーダなどの東洋の心身修業法を学習。楊名時太極拳師範。米国パシフィックサウザン大学とイオンド大学より名誉博士号授与。
現在、帰山気功太極道の指導本部長として「生涯学習・気と心の家」の健康草の根運動を推進中。東京都中高年勤労者福祉推進員協議会（略称・東京都中推協）監事。日本経営協会参与。よみうり日本テレビ文化センター講師。NHK学園通信教育講座の主任講師としてスクーリングや合宿研修を担当。中央大学学員講師。

主な共著書
■『気功を識る』帰山気功太極道
（本の泉社）℡ 03-5800-8494
■『気功八段錦を読む』
（エンタプライズ）℡ 03-3555-7989
■ビデオ「気功・八段錦太極拳・入門」
（気と心の家）℡ 03-3398-4481
■ビデオ「香功（シアンゴン）と上海八段錦」
（本の泉社）℡ 03-5800-8494
■通信教育講座『気功入門』テキスト３冊とビデオ１巻
受講申込先/日本経営協会　℡ 03-3403-1704

豪華客船《ごうかきゃくせん》「飛鳥《あすか》」夢紀行《ゆめきこう》

1997年8月8日　初版第１版発行
2002年10月15日 改訂第２版発行

著　者　長岡帰山《ながおかきざん》
発行人　増本利博
発売所　明窓出版株式会社
〒164-0012　東京都中野区本町６-27-13
TEL: 03-3380-8303　FAX: 03-3380-6424
http://meisou.com　振替　00160-1-192766
印刷・製本　株式会社プロネート
写　真　長岡帰山ほか
カバー絵　本多しずか